Le LIVRE de POCHE

JEUNESSE

Rich Wallace

Rich Wallace est entré très tôt en littérature, puisque lycéen, déjà, il écrivait. Depuis, il n'a pas lâché la plume : d'abord chroniqueur sportif, puis rédacteur en chef d'un journal et d'un magazine, Rich Wallace s'est ensuite tourné vers le roman. Il vit aujourd'hui en Pennsylvanie, où il se consacre pleinement à l'écriture de ses livres.

Ce père de deux enfants connaît bien le football, puisqu'il a été lui-même l'entraîneur de jeunes équipes.

UN MATCH
PAS COMME LES AUTRES

Rich Wallace

UN MATCH PAS COMME LES AUTRES

Traduit de l'américain
par Marianne Costa

HACHETTE
Jeunesse

L'édition originale de cet ouvrage
a été publiée par Alfred A. Knopf, New York,
sous le titre :
SHOTS ON GOAL

1

Une petite feinte

Dégager la balle de l'extérieur du pied. Esquiver sur la gauche, puis sur la droite, et dans un ultime effort, dépasser la ligne de défense. Continuer à courir en dribblant, et se dire qu'on est aussi fort que les autres, qu'on est le plus fort.

Il faut arriver jusqu'à la ligne de but, mais ils attaquent de toutes parts. Pivoter, trébucher… La balle roule au loin… La voir jaillir, par le coup de pied d'un adversaire, et s'envoler dans l'autre direction… Pousser une exclamation de rage et se remettre à courir.

C'est la mi-septembre. La sueur s'évapore très vite dans l'air tiède. On peut respirer à fond. On a quinze ans. Elle est venue assister au match, elle regarde. Le sang vous monte au visage.

Un crochet, un demi-tour, courir après la balle sur la pelouse épaisse et bien tondue qui brille sous le soleil oblique. Voilà le ballon, il descend à hauteur d'épaule, on l'amortit avec la poitrine et, au premier rebond, on le cueille au pied. Milieu de terrain bien dégagé, les coéquipiers arrivent en renfort et la brise souffle droit vers les buts adverses. Courir, courir, les yeux grands ouverts et le menton levé.

Une petite feinte, une accélération suffisent à dérouter la défense adverse. Encore deux foulées, et une balle bien longue pour passer à Joey, qui se tient tout près du but. Il tire. Le gardien plonge, trop tard : la balle s'enfonce droit dans le filet.

Fou de bonheur, on lève les bras au ciel, poings serrés. On se sent aussi fort, plus fort que tout le monde. On court, on saute de joie, on lève encore les bras au ciel.

On a quinze ans et elle est venue assister au match, elle regarde, on a gagné ! Le soleil de l'après-midi fait étinceler la pelouse verte, on a les muscles tendus et la gorge sèche, besoin de se désaltérer.

Les gars de l'équipe se pressent autour de vous. Les groupes de supporters clairsemés dans les gradins hurlent d'enthousiasme. Dans l'air, quelque chose murmure que c'est l'automne.

Après le match, Joey est venu me parler d'elle. Il m'a saisi par le coude, d'une main légère.

« Elle est venue pour te voir?

— J'en sais rien. »

Je hausse les épaules et je m'arrête un instant sur le chemin des vestiaires. Shannon est là, sur les gradins, avec deux autres filles. Elle regarde vers moi. Je reste bouche bée.

« Tu viens au match, ce soir? » poursuit Joey.

Il veut dire : le match de football américain qui a lieu au grand stade du centre-ville.

« Ouais, peut-être. »

Je la cherche des yeux. Elle est en train de monter dans une voiture. Joey s'est déjà remis en route, je lui cours après.

« Tu passes me prendre à la maison?

— Pourquoi pas. »

Il est plus petit que moi, Joey, mais il court vite, et sur le terrain, c'est le meilleur. Il hoche la tête.

« J'arriverai vers sept heures. »

Au match de ce soir, elle y sera sûrement puisque tout le monde y va.

Tous les après-midi, en salle d'étude, je la regarde lire des romans aux jaquettes de papier glacé en enroulant une mèche de cheveux blond vénitien autour de son index. Je l'ai surprise en train de me regarder aussi, quand j'allais à l'entraînement après les cours, ou sur le parking, un jour que j'étais assis sur le capot d'une voiture.

Je l'ai saluée une ou deux fois. L'autre jour, je lui ai même demandé : « Comment ça va ? »

Je sais qu'elle m'observe. Et elle est venue au match.

Je suis assis sur le banc, en face de mon casier, j'enlève mes crampons. J'ai une estafilade au genou. Un nuage de vapeur monte des douches. J'ôte mon maillot ; je passe les doigts dans mes cheveux humides.

Les gars se donnent des coups de serviette

en riant, fiers d'avoir gagné. Personne n'avait prévu qu'on remporterait les trois premiers matches du championnat. Je prends ma serviette et mon shampooing, et je me dirige vers les douches. Joey a apporté son radio-cassette. Il y a de l'eau sur le carrelage. Sur mes lèvres, un goût de transpiration.

L'eau de la douche tambourine sur ma poitrine, colle les quelques poils noirs à ma peau et les fait paraître plus sombres. La chaleur me détend les muscles. Heureusement que le week-end arrive.

J'enfile mes Doc, mon treillis et une chemise en jean. Joey me tape sur l'épaule.

« Belle passe, Bones. Je viens te chercher tout à l'heure. »

Tous les vendredis soir, depuis que j'ai sept ans, je vais voir les matches de football américain. Quand j'étais petit, avec mon père, on s'asseyait tout en haut des gradins. Ce soir, en marchant avec Joey, l'atmosphère me semble encore plus électrique que d'habitude : à quelques rues du stade, on entend déjà l'orchestre du lycée qui joue et l'écho des cuivres dans le lointain.

« T'as regardé *Buggs Bunny* ce soir?

— Non. Ma mère ne veut pas qu'on mange avec la télé.

— Comment ça se fait qu'à chaque épisode ou presque on retrouve la même scène? Elmer ou un autre est en train de pourchasser Bunny, qui va se cacher dans une chambre. Quand Elmer entre, Bunny est habillé avec des dessous de femme en dentelle, il hurle et Elmer referme la porte en devenant tout rouge…

— Je vois ce que tu veux dire… »

Je le saisis par l'épaule et on se remet en route.

« Ce soir, reprend-il, ils en ont passé un vraiment vieux. C'est celui où Cochonnet va à la chasse, et il croit avoir tué Bunny. Il essaie de le ranimer, mais pour ça il doit lui enlever la patte de la poitrine. Et là, on s'aperçoit que Bunny porte un soutien-gorge! Il pousse un cri, il saute sur ses pattes et s'en va en courant comme ça, tu vois, en danseuse. »

Joey joint le geste à la parole : les bras en l'air, il agite les doigts et part en sautillant.

« Tu fais ça très bien!

— Oh, ça va, c'était juste pour te montrer.

— Et alors, qu'est-ce que tu veux dire? Tu penses que Buggs Bunny... ?

— Ouais, je crois qu'il est passé de l'autre côté de la barrière. Il est peut-être "bi"?

— Mais non, c'est un acteur.

— Acteur, mon œil. Ça se voit qu'il aime ça. Je pense que Buggs Bunny est un travelo. »

Je me mets les mains devant les yeux, l'air horrifié. On rigole.

Nous voilà arrivés au stade. Il y a de la lumière et du bruit, c'est comme si toute l'énergie de la ville était concentrée là. C'est plein à craquer.

Nous allons nous asseoir au niveau du milieu de terrain, à la dixième rangée de gradins. Je porte un coupe-vent bleu, avec le nom du lycée et un ballon de foot imprimés dans le dos.

Pendant que les deux équipes s'échauffent sur le terrain, je jette un coup d'œil à Joey. Il s'est rasé ; il porte ses lunettes, qui lui donnent l'air raffiné, et le même coupe-vent que moi.

Shannon est un peu plus bas, à côté de la barrière, toute seule. Elle regarde dans la foule avec l'air de chercher quelqu'un. Je lève une main pour attirer son attention. Son visage s'éclaire. Je lis sur ses lèvres :

« Il y a de la place? »

Je lui fais signe que oui, et de venir nous rejoindre. Joey se glisse un peu à gauche, moi un peu à droite et elle s'assoit entre nous deux, toute douce, sur le banc de béton. Son odeur délicieuse se mêle à celle des cigarettes et des eaux de Cologne sous la lumière aveuglante des projecteurs, plus vive que le jour.

J'essaie de ne pas sourire trop fort en la sentant s'asseoir entre nous, mais je suis tellement heureux que je pourrais éclater de rire. Elle dit quelque chose à Joey à propos d'un devoir d'histoire, il hausse les épaules.

« Je le ferai la veille, comme d'habitude. »

Elle porte un manteau en daim avec une chemise sombre dessous, et elle a un air gai, plus vivant qu'au lycée. Deux amies à elle passent en dessous de nous, elle leur fait un signe et les autres répondent avec un sourire qui semble dire : « Tu es en de bonnes mains, ma vieille! »

Elle me donne un petit coup de coude.

« Tu as vraiment bien joué cet après-midi.

— Hmmm, pas mal. »

Je me gonfle d'orgueil.

Le dernier quart du jeu s'annonce et nous avons passé presque tout le match à rire comme des fous tous les deux. Mais j'ai bu un Pepsi à la mi-temps, et je commence à ressentir le besoin de faire un tour aux toilettes.

En me frayant un chemin dans la foule, je tombe sur Herbie, le gardien de but de mon équipe.

« Tu fais quoi après ? Tu sors ?

— Je crois bien, oui... »

Les mains dans les poches de mon blouson, je souris d'un air entendu.

« Nous, on va au MacDo avec les gars de l'équipe. Tu nous suis ?

— Je ne crois pas. J'ai des projets...

— Ah ouais. Je l'ai vue à côté de toi sur les gradins. Pas mal.

— Allez, j'y vais. On s'appelle demain. »

Je remonte sur les gradins avec un paquet de M & Ms. Je lui en offre, elle en prend deux rouges. L'équipe de Sturbridge est en train de gagner. À la fin du jeu, je me penche vers elle.

« Tu ne voudrais pas venir manger quelque chose avec moi ? »

D'un seul coup, elle a l'air embêtée.

« Euh… Joey ne t'a rien dit ?

— Non. Quoi ?

— Ben… Je lui ai demandé de sortir avec moi après le match. Désolée. »

Elle incline un peu la tête avec un gentil sourire. Moi, je regarde Joey, stupéfait. Et Joey regarde ses chaussures.

D'un seul coup, Shannon reprend :

« Mais tu peux venir avec nous si tu veux ! »

Je me mords la lèvre, les yeux perdus dans la foule.

« Non… Je crois que je vais plutôt aller au MacDo avec Herbie et les gars de l'équipe. Merci quand même. Salut. »

Tu parles.

Je descends vers l'endroit où j'ai repéré Herbie et les gars. D'un coup d'œil, je la vois s'éloigner avec Joey vers la sortie principale. Je traîne un peu avec Herbie et les autres, qui jouent à se bourrer de coups de poing, mais déjà je ne vois rien d'autre que la rue principale, à la sortie du stade, et les voitures qui roulent en direction de chez moi.

Je finis par m'écarter du groupe, peu à

peu. L'orchestre joue toujours notre chant de victoire, je l'entends de plus en plus faiblement. Tout engourdi, je me dirige vers la sortie.

Encore quelques pas dans la foule agitée, puis une rue ou deux... Me voilà loin des lumières et du bruit, loin du stade. Je donne des coups de pied dans les premières feuilles mortes de la saison. Je sens mieux mes jambes. Je me mets à courir à petites foulées.

Joey n'a pas prononcé dix mots pendant tout le match. Moi, au contraire, j'ai été brillant. Pour une fois, j'avais des choses à dire. Elle avait l'air de s'amuser, ses beaux yeux bruns brillaient. Elle était venue au match cet après-midi.

Je m'écarte pour laisser passer un homme qui en revient avec son fils. Le petit doit avoir moins de sept ans.

Puis je longe le lycée, portes fermées, toutes lumières éteintes. Je cours de plus en plus vite, en sautant le bord du trottoir à chaque croisement. Sous mes vêtements, je commence à transpirer. Je secoue la tête pour dégager les cheveux qui me tombent dans les yeux. Crochet à gauche, crochet à droite, le menton levé, une lueur de défi dans les yeux. Une petite feinte, une accélération… Je me débarrasse de la défense et je continue à dribbler, conscient de toute la largeur du terrain mais bien concentré sur la ligne de touche le long de laquelle je cours.

J'ai toute la place, la surface de jeu est dégagée, mais soudain les attaquants se précipitent vers moi. Penser qu'on est aussi fort que les autres, qu'on est le plus fort. Entendre gronder les adversaires et dribbler, le ballon au pied…

Se concentrer sur le terrain à conquérir, pas encore sur le but.

2

L'histoire de ma vie

Ma chambre est au premier étage au fond du couloir, en face de celle de mon frère Tommy. Je suis couché sur mon lit, les yeux fixés sur le plafond, et je pense au match de demain. C'est incroyable qu'on en soit à 3-0. L'an dernier, c'était toujours 2-1, 1-2. Et soudain, 3-0.

Tout le monde est étonné. Enfin, parmi le peu de gens qui sont au courant. Parce que, dans cette ville, il n'y en a pas beaucoup qui s'intéressent au ballon rond.

Mardi, on a un quatrième match. C'est

nous qui recevons les champions en titre de la Ligue. L'an dernier, ils nous ont écrasés deux fois de suite : 7-0 et 5-0. C'est normal : dans notre équipe, il y avait cinq élèves de Troisième, alors qu'ils étaient presque tous en Terminale. Maintenant, nous sommes en Seconde et invaincus jusqu'ici. Mais ce sera bien le bout du monde s'il y a quarante spectateurs dans les gradins.

Je me souviens qu'une fois, à un match de boxe, j'ai vu quarante personnes faire la queue aux toilettes. À Sturbridge, les gens n'aiment que le football américain et la boxe.

Mon frère fait de la boxe. Il est entré au Club de boxe au début de sa Première, et il a déjà été classé deuxième des championnats régionaux l'hiver dernier. Il combat encore dans la catégorie « juniors ». Mais nous sommes différents, lui et moi. Très différents.

Tommy vit dans l'« ici-et-maintenant ». Il est direct. Quand il parle, il dit exactement ce qu'il veut dire. Moi, je raconte ma vie comme elle vient. Je tiens des conversations dans ma tête, et il m'arrive de ne rien distinguer entre ce que j'ai dit tout haut et ce que je me suis seulement raconté mentalement. C'est comme ça que je me crée des tas de problèmes avec les filles, avec mes profs et mes amis.

Ma mère passe la tête dans l'embrasure de la porte et me sourit.

« À quoi tu penses, Barry ?

— À rien. Au foot. »

Elle entre dans ma chambre et vient regarder les photos collées sur le mur, près de la fenêtre. J'ai des clichés de toutes les équipes dont j'ai fait partie : deux ans à la Little League, trois saisons avec Biddy Basketball, et une dizaine de saisons avec mon équipe de foot.

« Et Carrie, tu la vois souvent ? demande maman en désignant une fille assise à côté de moi sur une des photos du foot.

— Non.

— Elle a l'air gentille. »

L'hameçon est gros, mais je ne mordrai pas.

« Ouais. Elle sort avec un gars de Terminale.

— Ah… »

Elle se tourne vers moi et sourit de nouveau en recoiffant, d'un geste de la main, ses cheveux noirs bouclés. Elle s'inquiète pour moi, ma mère. Je fais trop de sport, je n'ai qu'un seul ami intime, je passe trop de temps enfermé dans ma chambre et je n'ai pas de petite amie. C'est comme ça qu'elle me voit.

« Tu vas descendre, hein? Il ne faudrait pas gâcher un beau dimanche après-midi comme celui-ci. »

Elle sort. Je me lève pour refermer la porte. Assis sur le lit, je regarde les photos une par une.

Joey figure sur presque toutes. Son père était entraîneur sportif, et j'atterrissais presque toujours dans son équipe parce que, Joey et moi, nous étions amis depuis l'école primaire. Mais ce n'était jamais mon équipe ou l'équipe de Joey, et encore moins les Sharks, les Jets ou les Blasters. À travers tous les noms officiels et les saisons sportives, c'était l'équipe Bones-et-Joey. Toujours. Inséparables.

Joey était la star, c'est lui qui marquait les buts, qui émergeait de la mêlée, qui arrivait en tête. Et moi, j'étais là pour lui faciliter la tâche, pour le démarquer ou lui faire la petite passe stratégique juste devant la ligne de but.

C'est ça, mon rôle. Il a marqué cinq buts cette saison, dont quatre que je lui ai servis sur un plateau. Sa nouvelle petite amie aussi, je la lui ai servie sur un plateau. Sale con !

J'ai passé ma vie à l'ombre de deux personnes : mon frère et Joey. Même mon surnom, c'est Tommy qui me l'a donné : la légende dit que sa première phrase a été : « Boni mouillé culotte. » À quinze mois, il ne savait pas dire « Barry ». Et « Boni » m'est resté, transformé par les soins de Joey en « Bones ».

Avec Joey, c'est un peu différent. On a toujours été là l'un pour l'autre... Enfin, jusqu'à vendredi soir.

Je me souviens de ma première bagarre. C'était en primaire, pendant un match de foot. J'étais en défense, et un nommé Steven Bittner, un gars de l'équipe adverse qui faisait deux fois ma taille, avait décidé de m'écarter à coups de poing dans le bas-ventre.

J'ai fini par m'énerver suffisamment pour me jeter sur lui, et j'ai reçu un bon coup dans les dents. Puis il m'a attrapé par les épaules et cloué au sol.

Là, j'ai entendu Joey qui criait :

« Lâche-le, espèce de gros porc ! »

Steven a tourné la tête pour le regarder, et

moi, profitant de son inattention, je me suis mis à me tortiller comme un ver pour m'échapper.

« Lâche-le ! Qu'il puisse au moins se battre contre toi. »

Steven a commencé à relâcher sa pression. Il était gros et lent, et moi petit et rapide. Je me suis retrouvé à genoux et, vif comme l'éclair, je lui ai balancé mon poing dans le nez.

Entre-temps, les instituteurs s'étaient rendu compte qu'on se battait. On nous a consignés tous les deux pour une semaine, mais Steven ne m'a plus jamais embêté.

Joey a toujours eu une demi-longueur d'avance sur moi en sport, mais pour le reste nous étions à égalité. Avec Shannon, il a brisé la règle.

Je trouve que ce n'est pas juste.

3

Comme un coup de poing dans le ventre

Il se met à pleuvoir pendant l'échauffement : toute l'équipe, en demi-cercle, tire des coups francs contre Herbie. Je jette un coup d'œil à l'autre bout du terrain. Les gars de l'équipe de Greenfield travaillent en cercle, dans le sens des aiguilles d'une montre. Ils passent alternativement le ballon du centre à la périphérie. Ils sont très forts.

Aujourd'hui, pas de blagues. Pas de commentaires sur l'haleine de Herbie qui sent le tabac, sur le gros nez de Rico ou le défaut de prononciation de Dusty. Ce match représente beaucoup pour nous, plus que tout. Ce sont deux équipes invaincues qui s'affrontent, nous en sommes à trois victoires sur trois matches.

« On les aura ! hurle Joey en envoyant le ballon dans le coin supérieur du filet.

— On est les meilleurs ! brame Trunk en plaçant une balle rase que Herbie bloque de justesse dans un plongeon admirable.

— On va gagner ! conclut Herbie en serrant la balle entre ses mains gantées. Haut les cœurs ! »

Il me passe le ballon. Je le récupère sur la cuisse, je lui imprime un rebond et je le cueille au pied. Un temps d'arrêt. Je prends mon élan et je tire. Un bruit sec : il a rebondi sur un poteau.

Les gars de Greenfield ont changé d'exercice : ils parcourent le terrain deux par deux, l'un dribble et l'autre contre. Je reconnais au passage plusieurs joueurs qui étaient déjà là l'an dernier. Des bons.

Len, notre entraîneur, nous appelle. J'ai les cheveux mouillés et la gorge sèche. À la tribune, en milieu de terrain, tous les officiels sont là. Les gars de Greenfield vont se placer en poussant des cris de guerre.

Je ferme les yeux un instant. La saison est longue, il y a encore beaucoup de matches en vue. Mais ces gars-là sont déterminés à nous réduire en miettes, encore pire que l'an dernier. Pourquoi est-ce que ça me fait un effet pareil ? Je ne devrais même pas y penser.

Nous avons gagné les trois matches précédents. Mais devant ces mecs-là, ça ne veut rien dire. La partie qui va se jouer maintenant est notre épreuve de vérité. Voilà quatre ans que ce tournoi existe, et nous n'avons jamais marqué contre Greenfield. En huit matches, rien que des défaites.

Je regarde Herbie, Rico et les autres. Len se racle la gorge.

« Il faut bien comprendre une chose, dit-il d'une voix ferme. Depuis l'année dernière, beaucoup d'eau a coulé sous les ponts… »

Il se passe quelques minutes avant que je ne prenne le ballon, pour intercepter un tir qui allait droit vers nos buts. Je dégage à gauche, puis vers la droite, en remontant vers le camp adverse. Une petite feinte à Joey qui franchit la ligne de milieu de terrain, dribblant parmi une meute d'adversaires en maillot vert et blanc.

« Tu n'y arriveras pas tout seul ! »

J'ai crié de toutes mes forces, mais Joey n'en fait qu'à sa tête... et perd le ballon.

Je recule dans une grande bousculade pendant qu'il s'envole vers notre camp.

Durant la moitié de la première mi-temps, aucune des deux équipes ne parvient à percer la défense adverse. Mais bientôt l'avant-centre de Greenfield réussit une avancée, fait une passe à un ailier qui la lui retourne impeccablement, et le ballon finit dans le coin supérieur droit de nos filets.

Je pousse un soupir tellement violent qu'un nuage de vapeur s'échappe de ma bouche. Herbie envoie la balle à l'arbitre et Joey s'écrie :

« Celui-là, on va le leur remettre ! »

L'entraîneur frappe dans ses mains. Je m'essuie le front et je reprends ma position. Moi aussi, je m'entends hurler :

« Allez, on va gagner ! »

À la mi-temps, nous sommes toujours menés 1-0. Mais nous avons eu de belles actions, et nous avons plusieurs fois été près de marquer. L'entraîneur a conseillé à tous les attaquants de soutenir la défense sans relâcher l'offensive. Je sens la fatigue dans les bras encore plus que dans les jambes. C'est bizarre. C'est peut-être la tension, le poids que nous portons sur nos épaules.

Mais les joueurs de Greenfield sont aussi fatigués que nous. La balance penche de notre côté au début de la seconde mi-temps. Quelques tirs au but, manqués de justesse. Nous obtenons finalement un corner.

Dusty tire, la balle passe juste devant le poteau le plus près de lui et le gardien plonge pour l'arrêter. Mais le cuir humide lui glisse entre les mains, et il retombe bredouille. La balle roule sur la gauche, c'est moi qui suis le plus proche.

Je sens comme une décharge électrique dans tout mon corps au moment où je tire. La balle fuse droit dans les filets, comme un coup de poing dans le ventre.

Les gars de mon équipe se jettent sur moi. J'ai marqué. Joey me tape sur l'épaule de toutes ses forces, et je crois bien qu'il me fait un bleu. Trunk me soulève du sol. Je me libère en poussant un cri de victoire, et je cours jusqu'à notre camp. Les spectateurs crient aussi. Herbie est tombé à genoux dans sa cage, les yeux fermés, le visage tourné vers le ciel.

Nous avons égalisé.

Plus rien n'est pareil. Nous n'étions pas sûrs de nous, mais à présent la preuve est faite que nous pouvons marquer contre n'importe quelle équipe. Alors pourquoi pas un deuxième but ?

La seconde mi-temps continue. La balle passe d'un camp à l'autre, sans qu'aucun des deux cède. J'ai le nez qui coule. Je ravale les mucosités et je les crache tout en courant, les yeux rivés sur le ballon. Allez, allez, allez !

Nous sommes capables de gagner ce match, mais il faut marquer tout de suite. Je suis trempé mais j'ai chaud, les jambes couvertes de boue, les cheveux collés sur le crâne. La pluie fine n'arrête pas de tomber. Jusqu'à ces dernières minutes, elle n'avait pas trop endommagé le terrain, mais maintenant ça devient critique.

Joey se défonce en milieu de terrain ; l'adversaire fait des pieds et des mains pour percer notre défense, le score est toujours de 1-1, et il ne reste que trois minutes à jouer. Tout le monde a les dents serrées et les coudes au corps.

« Bones ! » crie Joey en me passant la balle.

Mais elle rebondit à un mètre de moi et me tape droit dans le genou.

Joey, combien de fois je t'ai dit de passer à terre ! Le type qui me marque récupère la balle et je glisse dans la boue, les mains devant pour me rattraper. Quand je me relève, le ballon s'est déjà envolé.

C'est l'avant-centre de Greenfield, celui qui a marqué pour eux qui fonce vers nos buts. À mi-chemin, il fait un lob en direction d'un défenseur de son équipe. Ils ont un autre joueur posté juste devant notre ligne de buts, qui envoie un tir direct dans les filets. Herbie plonge, en vain. Et voilà...

Les gars de Greenfield deviennent fous. Je leur balance des insultes à mi-voix et je m'essuie les mains sur mon maillot bleu, trempé d'eau et de boue. Je me tourne vers Joey.

« Passe à terre, bon sang ! »

Mais il est trop tard. Et puis c'était à moi de la récupérer, cette balle.

Le temps presse. Impossible de combiner une attaque en règle. On a tout gâché. Au moins, on a marqué un but. Mais c'est fini.

Herbie bloque un tir et renvoie par une passe bien longue, mais l'arbitre siffle avant même qu'elle ait touché le sol.

C'est fini.

Nous ne sommes plus une équipe invaincue.

Mon frère se précipite sur le terrain, les mains dans les poches de son coupe-vent jaune à capuche. Il a quinze mois de plus que moi mais il est plus mince, plus petit et trois fois plus fort. On ne joue pas dans la même catégorie.

« Bravo, dit-il en me tendant la main pour que je la serre. Sacrée partie.

— Tu parles… »

Mais je sais que nous avons bien joué. Et ça me fait plaisir que Tommy le reconnaisse.

L'entraîneur nous appelle.

Il parle de « tournant » pour notre club. Il dit que c'était une épreuve de vérité, et que nous l'avons passée en véritables champions. Personne ne peut plus nous prendre pour des paillassons. Nous aurons notre revanche avec Greenfield.

J'ai de la vapeur qui monte de mes mains. Tout le monde a l'air de sortir d'un marécage.

Je m'essuie le nez avec ma manche et je me mords la lèvre.

Len nous rappelle que Greenfield est le champion en titre depuis quatre ans. Que nous avons sept élèves de Seconde dans l'équipe, trois Premières et un Terminale. L'avenir nous sourit.

Chacun écoute en silence. Nous voulions la victoire de toutes nos forces. Et nous avons failli l'avoir. À quand le match retour?

4

La plonge

Je m'habille à toute vitesse et je crie à Joey de se bouger les fesses. On dînera au boulot. Les mardis soir, c'est tranquille ; si Carlos n'est pas là, je pourrai même finir mes devoirs. Kenny n'est pas regardant.

Notre boulot, c'est la cuisine de *L'Auberge de Sturbridge* : gratter les casseroles, remplir le lave-vaisselle et faire le café. À partir de six heures jusqu'à la fermeture (ils servent jusqu'à dix heures), le mardi et le dimanche. Parfois le samedi aussi, s'il y a une réception.

Mon frère y a travaillé tout l'été et, le mois

dernier, il nous a fait engager, Joey et moi, quand deux autres gars ont quitté la place pour entrer à l'université. Tommy y travaille encore comme extra quand il y a des mariages ou des banquets.

En arrivant, nous trouvons Carlos dans son bureau, prêt à partir.

« *Bonyour*, les gars. Il n'y a pas grand-chose à faire, *cé* soir. Vous pourrez en profiter pour réparer la porte *dou* placard. »

Nous entrons à la cuisine et Joey me dit, en imitant l'accent de Carlos :

« Toi, *tou t'occoupes* du lave-vaisselle, et moi, *yé* nettoie les casseroles.

— Arrête, je vais rire. »

Nous ouvrons la porte de la chambre froide. Kenny est en train de boire une bière. Il cache ses canettes derrière les cageots de céleri, et d'habitude il attend le départ de Carlos pour commencer à boire.

« Salut », dit-il mollement.

Il a trente-huit ans et ça fait vingt ans qu'il travaille à la cuisine. Jusqu'à l'année dernière, il faisait le même boulot que nous, mais ils ont décidé qu'il avait assez d'ancienneté pour s'occuper des grillades. Le menu n'est pas bien compliqué, et je serais capable de le préparer aussi : il y a des steaks, des côtes de porc et des crevettes. Le plus difficile, c'est l'escalope de veau cordon bleu – et même ça, après l'avoir vu faire deux ou trois fois, on peut s'en tirer sans problèmes.

« Tu attaques tôt ce soir ! s'exclame Joey en désignant la bière.

— Juste une petite, pour me désaltérer. Il est encore là ?

— Il était en train de partir quand nous sommes arrivés. »

Je me mets à trier les salades dans un cageot ; il y en a deux qui commencent à pourrir. J'arrache les feuilles abîmées et je replace les cœurs dans le cageot.

Kenny me regarde faire. Il a des cheveux bruns plaqués en travers du crâne pour cacher un front dégarni et des lunettes à monture épaisse. Il est petit, maigrichon avec un peu de ventre, et il porte toujours un T-shirt blanc.

« Z'avez gagné le match d'aujourd'hui ?

— Presque », répond Joey en débarrassant une étagère des emballages vides qui s'y trouvent.

Les tomates sont emballées séparément dans du papier bleu, et la plupart des gens, quand ils en prennent une, laissent le papier sur place. Parfois, il faut traverser douze épaisseurs de papier d'emballage pour dénicher la dernière tomate au fond du carton. Le mardi, nous sommes censés réapprovisionner le bar à salades, alors ça nous arrive souvent de fouiller pendant des lustres pour trouver cette dernière tomate.

« Dès que Carlos sera parti, on a l'intention de dîner, Bones et moi », dit Joey.

Puis il retourne dans la cuisine et je le suis. Pas question de rester seul dans la chambre froide avec Kenny.

Nous commençons avec un tas d'assiettes sales que l'équipe de midi nous a abandonnées. Il faut les mettre sur des plateaux et les expédier sur un rail qui passe dans le lave-vaisselle. Mais avant, il faut gratter les croûtes et la salade de chou qu'ils ont laissées sur les bords, sinon ça bouche le filtre de la machine.

Les couverts, il faut les faire tremper dans une espèce de liquide bleu, sinon ça reste sale. Et il y a même des fois où il faut frotter les cuillers à la main, quand il subsiste du miel ou du ketchup séché dessus.

Au bout d'un moment, je me fais un club

sandwich comme Carlos m'a appris : il faut prendre trois tranches de bacon sur la pile (ici, au petit déjeuner, il arrive qu'on serve du bacon réchauffé de la veille) et les passer quelques secondes à la rôtissoire. Ensuite, faire griller trois tranches de pain de mie, et tartiner celle d'en dessous avec de la mayonnaise. Y déposer le bacon, trois tranches de tomate et deux feuilles de laitue sur cette première tranche.

Puis poser la deuxième tranche par-dessus et la tartiner de mayonnaise à son tour. Ajouter environ un centimètre de blanc de dinde tranché fin (TRÈS FIN) et compléter avec la troisième tranche. Piquer quatre espèces de cure-dents en plastique dans le sandwich pour ne pas le démolir en le coupant, et ébarber la laitue qui dépasse avec un grand couteau de cuisine. Enfin, en maintenant le sandwich de la main gauche, le découper en quatre triangles égaux en le taillant d'un coin à l'autre.

Je propose à Joey de lui en faire un. Il refuse. Il prend deux tranches de pain, en tartine une avec de la moutarde, jette un blanc de poulet au milieu et écrase le tout du plat de la main. Nous partons dîner dans la réserve.

Assis sur des cartons, nous parlons de foot. Dans deux jours, nous disputons un nouveau match.

Joey a des cheveux noirs coupés court et une stature solide, mais il n'est pas très large. Ma mère dit qu'il est joli garçon. Elle l'appelle « mon troisième fils », car il passe beaucoup de temps chez nous à marquer des paniers de basket dans la cour, à jouer aux jeux vidéo ou tout simplement à traîner dans ma chambre.

Elle me demande toujours s'il a une petite amie, mais en fait, elle veut savoir pour moi. Si j'avais une copine, je ne le lui dirais pas.

Joey prétend qu'il ignorait que Shannon allait lui demander de sortir avec lui après le match de l'autre jour. Je lui ai dit qu'il était nul d'avoir accepté. Il savait très bien qu'elle me plaisait. Et moi, dans la situation inverse, je l'aurais aidé.

Enfin je crois. Mais peut-être que non.

Les parents de Joey font pression sur lui pour qu'il soit le meilleur en tout. Sa mère veut qu'il ramène des prix à chaque trimestre, et son père ne vit que pour lire son nom dans les comptes rendus sportifs.

À l'époque de l'école primaire, il a été

jusqu'à faire broder leur nom de famille sur les maillots de foot de Joey, ou à téléphoner aux gazettes sportives quand son fils marquait un but dans un match amical. Comme si les exploits d'un footballeur de neuf ans intéressaient qui que ce soit.

Le résultat, c'est que Joey est constamment sous pression dès qu'il s'agit de sports. Malgré tout son talent, je le plains : quand il fait quelque chose de bien, il ne peut même pas en profiter parce que son père le lui vole sur-le-champ. Je préfère toujours amener la conversation sur d'autres sujets : les filles, la musique ou la télé. Joey a besoin de se détendre un peu.

« Il faut qu'on travaille sur la coordination dans l'équipe, dit-il. Dès qu'on est en situation de marquer, c'est chacun pour soi. »

C'est bizarre qu'il parle comme ça. De tous les attaquants de l'équipe, c'est lui le plus individualiste et le plus acharné. Mais au moins, il se rend compte que nous manquons de synchronisation.

« Tu comprends... Moi, je suis capable de marquer à tous les coups, mais il y a des gars qui se surestiment. »

Voilà Joey tout craché : égoïste et arrogant. Mais il dit la vérité.

Dans notre équipe, il y a au moins cinq joueurs mieux dotés que lui physiquement. Plus rapides, plus forts ou plus agiles. Mais pourtant, c'est Joey qui joue le mieux. Je ne le lui dirai jamais, mais je l'admire pour ça.

Voilà Kenny qui vient fourrer son nez dans la réserve. Il fait mine de prendre un bocal d'olives sur l'étagère, le tourne entre ses mains et le repose.

« Les assiettes s'empilent, remarque-t-il.

— On y va, répond Joey en me lançant un regard excédé.

— On ne vous paie pas pour rester vautrés », marmotte Kenny en tournant les talons.

Dans son dos, Joey esquisse une grimace.

« Il se prend pour le patron ou quoi?

— Écoute, il ne l'a pas volée, sa place en cuisine.

— Ouais... En fait, c'est parce que je suis jaloux de lui, tu vois. Je veux son boulot. C'est mon objectif de carrière.

— Oh, Joey, permets-moi d'être ton assistant! »

Il se met à rire.

« J'imagine qu'après avoir passé vingt ans à faire la plonge, on a droit à un minimum de respect.

— C'est clair.

— Je ne sais pas si j'aurai la ténacité d'y rester autant de temps… Mais un jour, mon gars, un jour, ce sera moi qui ferai griller les hamburgers. C'est grâce à moi que la réputation de *L'Auberge de Sturbridge* et de ses pommes de terre sautées fera le tour du monde !

— Et je serai là pour t'aider, Joey.

— Nous serons des héros.

— Comme Kenny est notre héros.

— Que Dieu le bénisse. »

Seth, le serveur aux cheveux blonds, nous apporte la dernière pile d'assiettes à nettoyer vers dix heures moins le quart. Nous les enfournons dans le lave-vaisselle et nous commençons à récurer les casseroles. Il n'y en a pas beaucoup, mais nous sommes fatigués et nous n'avons plus qu'une envie : sortir de là.

Je fais gicler un peu de liquide vaisselle dans l'évier et j'ouvre l'eau chaude à fond ; Joey gratte une poêle à frire géante avec une spatule en bois. Carlos a préparé des boulettes cet après-midi, il y a une couche épaisse de graillon et de sauce tomate collée au fond.

« Quels sont les cochons qui ont laissé ce

truc sécher comme ça? s'exclame Joey. Ils auraient au moins pu la mettre à tremper!

— Les cochons, c'est nous. La poêle était déjà là à notre arrivée.

— Alors on est nuls. Je te jure, c'est carrément soudé. Il n'y a plus rien à faire.

— Verse de l'eau chaude dedans pendant qu'on nettoie le reste, ça va se ramollir. »

Mais une fois que nous avons tout lavé, la grande poêle résiste toujours. Nous y avons usé trois tampons à récurer et il y a encore des paquets de cette saleté collés au fond.

« Tu as sorti toutes les poubelles? demande Joey.

— Pas celle qui est à côté du lave-vaisselle.

— Alors amène-la. »

Je vais chercher la poubelle. Joey me précède, la poêle à la main, et nous sortons dans la cour derrière l'auberge où se trouve le container à ordures. Joey soulève le couvercle; une odeur douceâtre de déchets pourrissants nous saute au visage. Ça donne un peu la nausée, mais il y a quelque chose d'agréable dedans. En tout cas, ça plaît aux rats.

Joey dépose délicatement la poêle entre deux sacs poubelle pleins, puis il saisit le sac que j'ai apporté et le place par-dessus. Il me regarde en hochant la tête avec un grand sourire bête.

Nous passons la serpillière sur le sol à toute vitesse. Kenny s'est endormi sur la chaise de Carlos, dans le bureau. Il ouvre un œil au moment où j'introduis ma carte dans la pointeuse et marmonne :

« Salut, les gars. »

Nous filons dehors.

On ne peut pas faire grand-chose après une soirée de boulot, parce qu'on a l'impression d'être graisseux des pieds à la tête. Ça ne donne pas trop envie de traîner. Mais si on rentre se doucher à la maison, on n'a pas la permission de ressortir.

D'habitude, Joey et moi, on s'arrête à la boulangerie de Turkey Hill pour s'acheter à boire, et on bavarde dix minutes avec Herbie ou d'autres copains qui traînent dans la rue principale.

Mais, cette fois, Joey s'immobilise sur le trottoir en face de la boulangerie et me demande :

« Tu connais Shannon? »

Je le regarde, effaré. Quelle question idiote! Je ne réponds même pas.

« Tu connais sa copine Eileen ? demande-t-il.

— Oui. »

Je vois qui c'est, Eileen. Bon. Ce n'est pas Shannon, quoi.

« Je voudrais que tu sortes avec elle.

— Quoi ?

— Pas sortir au sens "sortir", mais simplement l'accompagner au match de football américain. Enfin, avec moi et Shannon.

— Pourquoi ?

— Pour faire la conversation. Tu me connais. Je n'ai pas grand-chose à raconter. Toi, tu parles bien avec elle.

— Avec Eileen ?

— Avec Shannon. Tu peux la distraire pour moi. »

Je lui donne un coup sur l'épaule, pas trop fort, et je le regarde fixement. Je ne sais pas quoi dire.

Je finis par lâcher :

« T'es nul. »

Je secoue la tête et je commence à m'éloigner.

« T'es vraiment nul. »

Il me suit.

« Allez, Bones ! Je ne te demande pas

grand-chose. Seulement de venir au match de vendredi soir avec nous. Tu pourras la laisser tomber juste après.

— Il n'y a pas de match cette semaine.

— La semaine prochaine, alors.

— À demain. »

Je m'enfuis à grandes enjambées. Je l'entends qui crie derrière moi :

« Alors, je dis à Shannon d'inviter Eileen ?

— On verra. »

Je me mets à courir, pour m'éloigner de lui, rentrer à la maison. J'ai besoin d'une bonne douche et de dormir.

Sturbridge vu par un de ses habitants (I)

par Barry « Bones » Austin

En bas de la 6e Rue, derrière la fabrique de vêtements abandonnée, on trouve un petit pont d'environ un mètre vingt de large qui traverse la rivière Pocono. À cet endroit, la rivière mesure douze mètres de large pour un mètre ou deux de profondeur, avec des trous d'eau où on peut pêcher la truite si on a le courage de descendre le long des berges escarpées et envahies par la végétation.

Un soir, quand on a douze ans, on peut aller voir son meilleur ami, chiper deux cigares à son oncle et venir les allumer sur le pont, dans le noir. La nuit, personne ne passe par ici. Si on reste tranquille et qu'on ne fait pas de scandale, nul ne viendra nous ennuyer.

Pendant une heure, on tire des bouffées du cigare, on le mâchonne jusqu'à ce qu'il ne reste plus qu'un mégot, tout en regardant couler la rivière.

Plus tard, il faudra bien s'assurer qu'on a le vent dans le dos au moment de se pencher par-dessus la balustrade pour vomir.

5

Le premier sur cent

Ce soir, avec Herbie, on a trouvé une idée qui nous plaît beaucoup. C'est une distinction honorifique que nous avons inventée.

Le Centième Connard (et, d'ailleurs, les quatre-vingt-dix-neuf autres) devra répondre à des critères très spécifiques, mais qui varient en fonction des individus.

Chacun des candidats, pour être sélectionné, doit passer devant ou derrière le banc sur lequel nous sommes assis (à pied, en voiture, au pas de course, en rollers, en skate-board ou en vélo, voire par d'autres moyens de locomotion auxquels nous n'avons pas pensé), à un moment où nous serons tous les deux présents, Herbie et moi-même.

Jusqu'ici nous en avons dénombré sept (parmi lesquels Brendan Doherty que nous n'avons compté qu'une fois, même s'il va et vient en voiture devant nous toutes les six minutes environ). Chaque postulant ne peut être compté qu'une seule fois. Brendan Doherty, si méritant qu'il soit, ne sera jamais proclamé Centième Connard.

Brendan est en Terminale, et nous l'avons sélectionné comme candidat à de nombreux titres. En particulier, parce qu'il raconte en permanence ses exploits sexuels alors que tout le monde sait qu'il ne lui arrive jamais rien.

Il y a aussi M. Brosnan, le banquier, que nous avons comptabilisé voilà une heure environ. Quand nous étions petits, il servait d'entraîneur pour l'équipe sportive de son fils Frank, et il était encore pire que le père de Joey. Il faisait tout ce qui était en son pouvoir pour que Frank soit la star de l'équipe, et du coup, il le rendait malheureux comme un chien, vu que nous avions tous fini par le haïr.

Depuis cette époque, Frank fuit les terrains

de sport comme la peste. Et pourtant, c'est un brave gars.

Le n° 7, c'est Mme Furman, celle qui écrit au journal local toutes les semaines pour protester contre les jeunes qui traînent dans la rue principale. On sait que c'est elle parce que ses lettres commencent toujours par :

« *Je ne suis pas de ces gens qui se plaignent pour un oui ou pour un non, mais...* »

D'un coup, j'aperçois Footstepper qui passe sur le trottoir d'en face. Je me tourne vers Herbie, qui hausse les épaules.

« Connais pas... »

Footstepper est en Première. Je ne l'ai jamais entendu prononcer un mot. Il marche vite, à grands pas sur ses jambes maigres, les cheveux dans les yeux. Personne ne sait rien de lui. Le compte reste donc à sept.

Ce que j'aime dans cette idée, c'est que tout est lié au hasard. Il faut remplir certains critères pour faire partie de la liste, mais seul le centième sera gagnant. Et nous sommes certains qu'un habitant de Sturbridge vraiment méritant saura saisir cette occasion.

Nous espérons désigner l'heureux gagnant dans le courant du mois.

La conversation roule sur le foot. Hier, nous avons gagné contre Laurelton. Herbie me raconte les exploits d'un goal de l'équipe nationale mexicaine qu'il a vu jouer sur une chaîne câblée le week-end dernier.

« Je te jure, dit-il en s'amusant avec son briquet, son équipe était en train d'essayer de marquer, et le voilà qui remonte tout le terrain jusqu'aux buts d'en face, tu imagines? Il a récupéré la balle sur une passe de tête et il a bien failli le mettre, ce but!

— Tu devrais essayer...

— J'y pense. »

Il regarde en l'air, comme pour observer les nuages.

« L'entraîneur me tuerait.

— Ouais. »

Je lève la tête à mon tour.

« Qu'est-ce que tu fixes?

— Rien. »

Herbie, je ne le comprends pas encore très bien. On n'a jamais été dans la même classe. Tout le monde était surpris quand il a décidé d'entrer dans l'équipe de foot l'an dernier, parce qu'il n'avait jamais pratiqué de sport.

Les premières fois qu'il a joué avec nous

comme gardien de but, les Terminales se moquaient de lui et lui faisaient des farces débiles, comme lui cacher ses chaussures. Mais il a une espèce d'instinct qui lui fait rattraper les balles les plus tordues, et même les penaltys. C'est un bon goal pour notre équipe.

Je surveille la rue, à droite et à gauche, pour m'assurer que Joey n'est pas en train d'arriver.

« Herbie, tu connais une certaine Eileen?

— Eileen Hankins?

— Oui.

— Un peu.

— Tu sais des choses sur elle? »

Il répète :

« Un peu. Pourquoi?

— Comme ça. Et Shannon, tu la connais?

— La copine de Joey, tu veux dire?

— C'est la copine de Joey? »

Il se met à rire.

« En tout cas, c'est ce que Joey croit.

— Ah bon. »

Herbie a des boutons sur la figure mais ça ne l'empêche pas d'être populaire. Tout le lycée le trouve drôle parce qu'il est capable de lancer des vannes à n'importe qui. Il a mis pas mal de gars dans le pétrin, jamais rien de très grave, avec pour résultat des heures de rétention au poste et des avertissements de la police. Les gars comme Herbie sont très appréciés : personne ne veut se mettre dans le pétrin tout seul, mais il faut avoir fait quelques bêtises – ça donne un genre.

« Shannon, reprend Herbie, je ne suis pas sûr qu'elle se prenne pour la copine de Joey.

— Elle s'est fait inviter à sortir la semaine dernière !

— Ouais, mais elle finira par lui filer entre les doigts. Elle n'en fait qu'à sa tête. »

Je me gratte l'oreille et je fixe le supermarché, un peu plus bas. Je réfléchis.

« Tu as ta chance, poursuit Herbie.

— Tu crois ?

— C'est une question de temps. Ellc finira par en avoir marre de Joey. Toi, tu as du magnétisme, quelque chose de plus sensuel... À la première ouverture, tu n'auras qu'à foncer. »

J'ouvre la bouche pour répondre, mais Herbie me donne un grand coup de coude et désigne une camionnette grise qui passe.

« N° 8 ! C'est le contremaître de l'usine où bosse mon père. Un abruti. »

6

Beau temps pour une partie

Si vous voulez savoir pourquoi je joue au foot, c'est en partie à cause de journées comme celle-ci. Hier, on a encore gagné contre Weston South, 3 buts à 0. Ce qui nous donne le palmarès suivant : quatre victoires, une défaite et un match nul.

L'ambiance est détendue. On n'a qu'une seule envie : sauter sur la pelouse en braillant comme des ânes.

Le soleil réchauffe nos bras nus, mais il y a une petite brise bien fraîche. La lumière est si forte qu'il faut plisser les yeux quand on est en face de lui. L'air est limpide. On entend le ballon rouler sur l'herbe avec un froufrou pressé ; tout autour du terrain, sur les collines, les arbres tournent au rouge, à l'orange, au jaune. Pas trace d'un nuage dans le ciel bleu.

C'est le temps rêvé pour jouer au foot. Le ballon arrive vers moi, je le bloque au pied et je le dribble tout seul au lieu de passer. On est à l'entraînement, je peux m'amuser un peu. Mon dribble est efficace, je vais plus vite que tous les opposants. Je traverse la défense sans encombre.

Me voilà face à face avec le gardien de but. Il se penche un peu vers l'avant, je fais un petit crochet sur la gauche et je tire. Il plonge, effleure la balle du bout des doigts sans même changer sa trajectoire, et pan ! le filet tremble sous le choc. Rico court vers moi et me tape dans les mains. Je retourne dans notre camp.

Hier, j'ai joué comme un chef.

Une passe décisive à la première mi-temps et un but à la seconde. Joey était en plein milieu de terrain, entouré de toutes parts. Moi, à sa droite, j'avais les coudées franches. Dans ce genre de situations, d'habitude, il tire quand même. Mais cette fois, il m'a passé le ballon juste entre les jambes d'un adversaire.

Je n'ai même pas eu besoin de le bloquer ni de changer de pied : j'ai assuré du gauche et tiré du droit. Le gardien n'a pas eu le temps de réagir.

Mon père assistait à la partie, en costume et cravate, et j'ai croisé son regard juste après ce but. Il a levé le poing en l'air en criant quelque chose comme :

« Vas-y, fiston ! »

Mais ça sonne toujours bizarrement dans sa bouche. Il n'a jamais fait de sport dans sa jeunesse, et je crois bien qu'il ne me comprend pas tout à fait...

Pendant la pause, le petit frère de Trunk arrive en courant vers nous avec la gazette des sports à la main.

« Greenfield a perdu hier ! »

Joey s'empare du journal et s'exclame :

« La vache ! C'est le club d'East Pocono qui les a battus. Ça veut dire qu'on a un nouvel adversaire !

— Ne pense pas à ça, intervient Len en fronçant les sourcils et tortillant sa moustache rousse. Il faut se concentrer sur un seul objectif : gagner toutes les parties. Nous n'avons pas à nous occuper de ce que font les autres clubs. Quant aux gars de Pocono, on les rencontrera sur le terrain.

— Et on leur mettra la pâtée ! s'exclame Herbie.

— Pas besoin de discours, coupe l'entraîneur. Il faut le faire, et pas le dire !

— Ils donnent le classement de la Ligue ? » demande Herbie en essayant de prendre le journal des mains de Joey.

Mais déjà Len siffle la fin de la pause.

« Les gars ! Les gars ! s'écrie Herbie. Nous sommes en deuxième position !

— J'ai dit : on ne parle pas de ça, répète l'entraîneur.

— On peut arriver premiers ! »

Herbie a toujours le journal entre les mains, et les autres joueurs, un par un, reviennent sur le terrain.

« La pause est finie, Herbie.

— Juste une seconde, m'sieur. »

Il siffle de nouveau, plus fort et plus longtemps.

« Herbie, ne joue pas à ce petit jeu. Cinq tours de terrain au pas de course, et que ça saute !

— Pourquoi?

— Parce que tu n'écoutes pas. »

Herbie hausse les épaules et se met à courir au ralenti.

« Plus vite! tempête l'entraîneur. Du nerf, du nerf!

— Ça va, marmotte Herbie entre ses dents. Je suis gardien de but, pas champion d'athlétisme! »

Dans les vestiaires, nous jetons un nouveau coup d'œil au classement. Ça va bien pour nous :

	Victoires	*Défaites*	*Nuls*
Greenfield	*5*	*1*	*0*
East Pocono	*4*	*1*	*1*
Sturbridge	*4*	*1*	*1*
Laurelton	*2*	*1*	*3*
Weston North	*3*	*3*	*0*
Midvale	*1*	*4*	*1*
Weston South	*1*	*4*	*1*
Mount Ridge	*0*	*5*	*1*

Nous voulons remporter ce championnat, d'autant plus que l'équipe gagnante se retrouve automatiquement sélectionnée pour le championnat régional. Les cinq vainqueurs des cinq championnats locaux ont ce privilège, alors que pour les autres il faut passer les matches de barrage.

Autant dire qu'on est lessivés avant même le premier tour : en qualification, on joue contre les équipes de la vallée, Scranton et compagnie. Des bêtes. Jusqu'ici, nous n'avons jamais franchi les matches de barrage, mais il est temps que ça change.

Notre prochain adversaire est donc East Pocono, et le vainqueur se retrouvera à égalité avec Greenfield. La semaine prochaine, nous avons deux parties hors championnat, puis nous participons à toute la série des matches retour avec les équipes de la Ligue. L'an dernier, nous étions en huitième position, et nous voici devenus challengers. Et ça ne va pas s'arrêter là !

À part la météo, il y a une autre raison qui fait que je joue au foot. J'aime gagner.

7

L'étrange Footstepper

Mercredi soir. Mon frère passe en voiture et donne un coup de klaxon, mais il ne s'arrêtera pas. Il emmène tous ses potes du club de boxe à Weston. Comme s'il y avait quelque chose de spécial à faire là-bas.

Nous en sommes à quarante et un. Herbie a absolument voulu compter deux des gars qui étaient dans la voiture de mon frère, et j'ai accepté. Tony Terranova n'est pas si nul que ça. Mais quand on était en Troisième, un jour, il a enfermé Herbie dans un casier du gymnase municipal. Je comprends qu'il veuille se venger.

Joey n'a pas encore montré le bout de son nez, mais Herbie est assis sur le banc depuis la fin de l'entraînement. Je me demande s'il lui arrive de rentrer chez lui. Il a pris racine ici depuis l'été dernier. J'ai une canette de Coca et un sachet de beignets au chocolat que j'ai achetés à Turkey Hill, mais il n'en veut pas.

Joey est peut-être avec Shannon... Non, j'en doute. J'ai voulu savoir s'il la fréquentait toujours. Il a dit que oui, plus ou moins. Mais je ne les rencontre jamais ensemble. Je vois comment elle le regarde.

« L'entraîneur m'a encore passé un savon tout à l'heure.

— Comment ça se fait?

— Il a entendu dire que je fumais dans les toilettes, répond Herbie d'un air innocent. Moi, faire une chose pareille?

— Jamais de la vie!

— Il a dit que, s'il m'y reprenait, il me virait de l'équipe.

— Attention de ne pas te faire choper, alors.

— J'en ai pas l'intention.

— Moi, je pense que tu ferais mieux d'arrêter.

— Le foot ?

— Mais non, les cigarettes. »

Il hausse les épaules et me jette un demi-sourire.

« Ouais, j'y penserai… Mais il faudra que l'idée vienne de moi. »

Nous sommes postés à l'endroit stratégique de la rue principale : si quelque chose doit se passer, ce sera ici. Les élèves de Troisième se rassemblent en face du restau, et les gamins des petites classes du collège un peu plus bas, vers le supermarché. Moi, je viens toujours sur ce banc en face du cinéma désaffecté.

Je ne saurais pas dire quand il s'est passé quelque chose pour la dernière fois. Peut-être qu'il ne se passe jamais rien. Mais si quelque chose doit se passer, nous serons prêts !

Soudain, Herbie s'écrie :

« Footstepper ! »

C'est bien lui qui marche sur le trottoir d'en face. Il répond par un sourire timide et une espèce de salut de la main gauche, doigts écartés. Mais il ne ralentit même pas.

Une fois, au lycée, je suis tombé sur Footstepper. Il sortait des toilettes, et moi j'étais en train de me coiffer devant le lavabo. Je me suis poussé pour qu'il puisse se laver les mains. Ensuite, il a pris une serviette en papier pour s'essuyer. Il était beaucoup plus grand que moi et il avait des favoris clairsemés. Puis il est parti.

Demain, on joue contre East Pocono, sur notre terrain.

Tiens, voilà Joey qui arrive. Il est tout seul. Qu'est-ce qu'il fabrique, à la fin ? Qu'il se bouge un peu, ou qu'il laisse tomber. Moi, cette fille, je la veux vraiment.

8

Occasion à saisir

Je joue milieu de terrain. Attaque et défense. Toujours en action, quand le match est serré comme aujourd'hui. Je ne vis que pour ces jours-là.

Nous sommes arrivés sur le terrain gonflés à bloc, prêts à prendre le contrôle de la partie. Mais les gars d'East Pocono nous ont précédés. Passes précises, excellente coordination, vitesse. Ils ont marqué dès la première minute.

O.K., pas de panique. Il faut réfléchir. De la stratégie. Mais déjà ils reviennent à la charge, ils se glissent le long des lignes de touche vers nos buts. Un tir à ras de terre, bien violent. Herbie plonge, intercepte le ballon d'une main, le dévie. Corner. Je m'entends crier :

« Attention au marquage, les gars ! »

C'est un de leurs ailiers qui tire le corner, devant les buts. Hernandez récupère le ballon avec la cuisse, mais en perd le contrôle. Il rebondit mollement sur le côté ; déjà Herbie roule sur le sol, le saisit entre ses mains et se relève d'un bond.

Il le renvoie à la volée, vers la droite. Je repars à l'attaque. Là, Joey l'intercepte à son tour et se met à courir le long de la ligne de touche, tête baissée. Mais il ne maîtrise pas sa vitesse, il dépasse le ballon, East Pocono le reprend. Une passe de mon côté, juste devant moi leur ailier file vers nos buts.

Je le presse vers la ligne de touche, pas question de le laisser passer. Il fait une feinte vers la gauche, veut tirer à droite, mais je réussis à mettre un pied devant le ballon, qui sort. Touche.

Je crie :

« À vos marques ! »

Il renvoie le ballon le long de la ligne, vers le coin. On lui renvoie une passe centrée… J'anticipe, et je me place pile devant. Même pas eu le temps de réfléchir : me voilà en train de dribbler le long de l'aile.

Deux adversaires me prennent en chasse, mais je pivote et je passe à Rico. Il dribble deux fois, me renvoie la balle. Je suis en plein milieu de terrain et j'ai une bonne ouverture devant moi. Je fonce.

Tout le monde court dans ma direction, mais j'ai assez d'avance. Je recentre la balle vers Trunk, qui passe en avant à Dusty, pendant que je m'avance vers le but. Les défenseurs de Pocono se rapprochent.

Trunk a de nouveau la balle, mais il est dans la surface de réparation. Il me fait une passe. J'écarquille les yeux : il n'y a rien entre moi et le goal. Mais avant même que j'attrape la balle, l'arbitre a sifflé : hors-jeu.

« Merde ! »

Mais le plus important, c'est que nous venons de changer le rapport de forces. Je reviens au trot, essoufflé.

Ils sont rapides et ils ne manquent pas une occasion. Il faut rester vigilants. Assurer la défense, les empêcher de s'infiltrer. Et tenter des actions en attaque, chercher les passes sûres. Il faut aussi faire de l'ordre sur le terrain. À tous les coups, nos avants (Dusty, Trunk, Joey et Mitchell) vont vouloir dribbler au lieu de passer. Il faut les engueuler un bon coup, et leur faire comprendre ce qui est utile pour l'équipe.

À la mi-temps, nous sommes toujours menés 1-0. Le même rythme effréné s'est maintenu du début à la fin. Assis sur le banc, je tète le jus d'une orange tout en écoutant parler l'entraîneur :

« Dusty, il faut que tu montes sur la balle. N'attends pas qu'elle vienne à toi. Trunk, arrête de faire l'artiste solitaire. Tu peux dribbler si tu as le champ libre, mais n'hésite pas à passer quand c'est nécessaire. Toi, Joey, respecte un peu tes marques. Ce n'est pas à toi de récupérer les balles de touche. Laisse les milieux de terrain faire leur boulot.

« Ces gars vous font courir comme des lapins. Vous avez de la chance de ne pas être menés 5-0. Parlez entre vous, faites des passes tactiques et n'hésitez pas à les bousculer. Nous sommes toujours dans la partie, mais il faut absolument enfoncer leur défense. »

Je respire un bon coup et je lève les yeux. Le ciel est bleu comme nos maillots. Un coup d'œil à mes coéquipiers : ils ont besoin d'un petit stimulant pour se remonter le moral.

« On va les massacrer, dis-je. Au boulot! »

Je fais signe aux deux autres milieux de terrain (Rico et Hernandez) pour un petit conciliabule avant la seconde mi-temps.

« Les avants n'ont rien compris.

— Ils font n'importe quoi, s'exclame Rico. Joey ne pense qu'à tirer. Il n'a jamais fait une passe arrière de sa vie!

— Alors engueule-le un bon coup. Lui et Dusty. Il faut les obliger à nous passer le cuir. Et travailler ensemble : nous devons ralentir le rythme et contrôler leurs attaques. On ne peut pas dribbler et réfléchir en même temps! »

Hernandez acquiesce en reniflant. Il a une crise d'allergie géante.

Rico fait la grimace.

« Ils ne sont jamais à leurs positions. L'autre fois, je vois Mitchell qui traverse tout le terrain pour venir parer un corner contre nous, et Joey qui le suit! Dans le genre efficace... »

Je secoue la tête, et Rico se met à rire brusquement.

« Ce Joey, conclut-il, il est vraiment casse-couilles ! »

Joey donne le coup d'envoi, récupéré par Trunk qui me fait une passe. Je dribble un peu, je passe à Rico qui crie pour attirer l'attention de Trunk et lui donne la balle. Quand tout marche bien, le foot, c'est comme le flipper : la balle rebondit d'un point à l'autre à toute vitesse, et avance en zigzag.

Nous sommes bien coordonnés : de feinte en feinte, nous progressons vers les buts adverses. Mais voilà que Joey se met à dribbler, tête baissée, et tente de forcer tout seul un barrage de maillots rouge et argent. Je hurle :

« Joey ! Joey ! Fais pas le con ! »

Mais ça y est, le ballon est perdu.

Rico l'intercepte avant qu'ils franchissent la ligne de milieu de terrain, et me l'envoie. Je démarque un opposant et je m'élance. Une passe à Hernandez, qui renvoie à son tour. Je peux dribbler : quatre foulées, et je tire. Mais il y a des maillots bleus près des buts : Joey, Dusty, Trunk. Je tire un ballon haut, Trunk le contrôle, le fait glisser dans le coin et Joey tire également, bien fort, en plein dans le filet.

BUT !

Je reviens à ma place, furieux, parce qu'on devrait toujours se battre comme ça. Ces mecs n'ont conscience de rien d'autre que d'eux-mêmes. On ne peut pas vaincre une équipe pareille en jouant chacun pour soi.

La partie se termine à un rythme plus lent. Dans le dernier quart du jeu, chacune des deux équipes tente de belles actions et nous nous retrouvons deux fois en danger, mais à chaque fois Herbie arrête magistralement.

La défense d'East Pocono ne nous laisse plus passer, et c'est comme ça qu'on finit sur un match nul, à 1 partout.

Je rentre en bus avec Rico. Je suis de mauvaise humeur.

« On aurait dû les écrabouiller.

— Ouais, si notre Pelé local avait le quart de la moitié d'un cerveau sous sa boîte crânienne, répond Rico en désignant Joey, qui est assis six sièges devant nous.

— Si, je te jure, il en a même le tiers de la moitié... Mais pour s'en servir, c'est une autre histoire. »

Je secoue la tête. C'est vraiment trop nul.

Joey va vite, il saisit toutes les occasions. C'est lui qui marque les buts et qui séduit les filles. Mais je ne voudrais pas être comme lui.

Enfin… des fois, si.

Sturbridge vu par un de ses habitants (II)

Entre le bar *Chez Shorty* et la pizzeria *Foley*, il y a un petit chemin sombre perpendiculaire à la rue principale (c'est le pâté de maisons entre la 10e et la 11e Rue). On peut s'y asseoir en appuyant le dos soit sur le mur vert pâle de chez *Foley*, soit sur le mur en briques de *Shorty*. L'intérêt, outre qu'on est protégé du vent, c'est d'écouter la musique du bar tout en respirant l'odeur des pizzas.

Foley fabrique des pizzas plus minces, moins moelleuses et plus cuites que les autres pizzerias de la ville. Ça sent bon la pâte grillée.

Quant au juke-box de *Chez Shorty*, il est programmé pour jouer en boucle quatorze titres, à moins que quelqu'un mette une pièce dans la machine et choisisse un autre air.

Shorty a été adolescent pendant les années 70, et il a sélectionné de vieilles chansons qui s'enchaînent, toujours dans le même ordre, parmi le cliquetis des boules de billard :

— *Ready for Love*, de Bad Company.
— *You Ain't Seen Nothing Yet*, de Bachman Turner Overdrive.
— *Can't Fight This Feeling*, de REO Speedwagon.
— *Freefallin'*, de Tom Petty et les Heartbreakers.
— *John and Diane*, de John Mellencamp.
— *Heartbreaker*, de Led Zeppelin.
— *When I'm With You*, de Sheriff.
— *Take It Easy*, des Eagles.
— *I Love Your Way*, de Peter Frampton.
— *Rainy Days and Mondays*, des Carpenters[1].

1. Je vous jure que c'est vrai, sans rire !

— *The Devil Went Down to Georgia*, de Charlie Daniels.

— *Heard It in a Love Song*, de Marshall Tucker.

— *My Way*, par Frank Sinatra.

— *Free Bird*, de Lynyrd Skynyrd.

9

De l'audace

Après l'entraînement, vendredi. Joey s'avance vers moi dans les vestiaires et s'assoit sur le banc.

« Alors, pour ce soir?

— Ouais. »

Le match, Shannon et Eileen.

« Il faut se grouiller.

— Il est seulement cinq heures un quart! »

Qu'est-ce qui lui prend?

« Je leur ai donné rendez-vous à six heures et demie. Et il faut qu'on passe au boulot avant.

— Pour quoi faire?

— J'ai quelque chose à récupérer.

— Mais le match est à huit heures!

— Je sais. »

Il prend un sweat-shirt dans mon casier et le fourre dans son sac. Je le regarde. Bien sûr qu'il a une bonne raison pour me prendre mon sweat. Il dit :

« Tu verras. »

Nous descendons la rue principale d'un pas pressé, sans un mot. Au bout d'un moment, Joey ajoute :

« Kenny a quelque chose pour nous. »

Je suppose qu'il s'agit d'alcool. Je ne vois pas ce que Kenny pourrait avoir d'autre pour nous.

Nous entrons par la porte de derrière. Joey passe la tête dans l'embrasure et demande :

« Carlos est là? »

Kenny fait signe que non sans même se tourner vers nous. Il est devant le gril, en train de piquer un steak avec une grande fourchette, le mégot au bord des lèvres. D'ailleurs, s'il fume, c'est que Carlos n'est pas là. Il menace de le virer au moins une fois par semaine s'il fume en faisant la cuisine. Kenny se tient à carreau.

Je suis Joey dans la chambre froide. Il ouvre son sac, fouille derrière deux bidons de sauce à salade et en sort deux bouteilles de cidre. Il enfile une bouteille dans chaque manche de mon sweater, puis il le remet dans le sac. Dehors, il me tend le sac.

« Tiens, prends ça. Si mes parents découvrent le cidre, ils me tuent. »

Avant que j'aie le temps de réagir, il part en direction de chez lui.

« Rendez-vous au pied du sentier à six heures un quart. On les retrouve en haut de la colline. »

Et il se sauve en courant.

Je reste planté là avec le cidre. Mes parents aussi, ils me tueront. Comme on n'est pas trop loin du gymnase municipal, je fonce cacher le sac dans le casier de mon frère jusqu'à tout à l'heure.

La colline qui domine Sturbridge est juste à la sortie de la ville. On peut y monter en voiture par la route principale, mais par-derrière. Depuis la ville, la seule façon d'y accéder est un chemin de terre qui serpente à travers les bois. Il faut un peu moins d'un quart d'heure pour arriver au sommet. Cet été, on venait courir ici tous les matins avec Tommy.

Nous sommes à peu près au milieu de la montée quand Joey m'attrape par l'épaule, en désignant d'un mouvement du menton deux cerfs qui paissent en contrebas. Ce sont deux mâles : un grand aux bois bien développés et un plus jeune. Joey tend un arc imaginaire et imite le sifflement de la flèche. Les cerfs nous regardent de leurs yeux noirs, tranquilles, sans cesser de mâcher. Le plus grand s'ébroue et, avec un mouvement de la queue, s'écarte brusquement d'une dizaine de mètres. L'autre le suit. Ils nous regardent de nouveau, à l'abri sous un arbuste. Le grand baisse la tête sans nous quitter des yeux.

« Je ne pensais pas qu'on pouvait encore trouver deux mâles ensemble à l'automne.

— Le rut n'a pas commencé, répond Joey. Bientôt ils seront en train de se battre pour les biches. De choisir leur harem. »

Il se remet à marcher, un peu plus vite. Je traîne un peu, et pour me parler, il est obligé de se retourner.

« C'est celui qui a les cornes les plus longues qui gagne. »

Au sommet de la colline, il y a une clairière de la taille d'un terrain de base-ball, avec deux tables pour pique-niquer et un petit parking, juste derrière nous. De là, on distingue toute la ville en contrebas.

Il fait tiède et encore clair. Depuis ce point de vue, on voit que Sturbridge a la forme d'un ballon de football américain : un ovale aplati cerné par des collines. Tout autour de nous, les arbres ont pris les couleurs de l'automne : rouille, ambre, orange et rouge.

Imaginez donc une ville en forme de ballon ovale, pas tout à fait symétrique. La bande, qui vient dans notre direction, est figurée par la rivière Pocono qui coule depuis le pied de la colline et contourne un côté de la cité. Le lacet au milieu du ballon, c'est Church Street, où émergent six clochers différents. Les diverses églises se portent bien : le christianisme est notre religion principale, avec la boxe et le foot.

La courbe de la route nationale forme l'autre bande, avec la briqueterie à un bout et le stade à l'autre, en diagonale par rapport à nous. Nous sommes à soixante mètres audessus de la zone urbaine. Le lycée est à deux pâtés de maisons du stade, au début de la pente de la colline d'en face. Elle est aussi haute que celle sur laquelle nous nous trouvons, mais la pente est moins raide.

Nous sommes assis juste au-dessus de l'à-pic, au bord du plateau. La barrière de bois est basse et facile à escalader. Si on tombe, on se tue. Ou du moins, on reste paralysé.

Shannon et Eileen ne sont pas encore arrivées. Je me demande pourquoi on ne leur a pas donné rendez-vous en bas ; on serait montés ensemble... Enfin moi, c'est ce que j'aurais fait. En les attendant, nous cherchons le meilleur endroit pour boire. On ne peut pas le faire sur l'aire de pique-nique, car les flics montent de temps en temps, surtout les soirs de fin de semaine, quand les jeunes font la fête.

En principe, c'est un parc municipal en l'honneur de quelqu'un qui a donné le terrain à la commune, mais la seule chose qui en témoigne, c'est une pierre commémorative et une « structure » où on accroche des guirlandes lumineuses pour Noël après Thanksgiving. L'effet est plutôt réussi : elle mesure dix ou quinze mètres de haut et on l'aperçoit de partout.

La ville est tellement petite qu'on connaît toutes les filles depuis l'école maternelle, et du coup, ça manque un peu de mystère. Mais Shannon et Eileen étaient à l'école du Sacré-Cœur jusqu'à la fin du collège, et on ne les a pas beaucoup croisées jusqu'ici. Tout ce que je sais sur Eileen, c'est qu'elle pratique le hockey sur gazon, qu'elle a le nez un peu camus et les cheveux roux carotte. Shannon fait de la gym artistique et de la course de haies, et elle est, comment dirais-je ?... svelte.

« Coucou ! » s'écrie soudain Joey en regardant vers l'arrivée du chemin de terre.

Shannon fait une tête de plus qu'Eileen, elle a les hanches nettement plus minces et c'est la seule des deux qui ne transpire pas. Elle s'approche en souriant.

« Il fait bon, ce soir.

— Facile à dire ! s'exclame Eileen. Tu as grimpé comme une fleur ! »

Elle ouvre grand la bouche et halète en tirant la langue. Elle porte un T-shirt jaune sans manches qui lui permet de se toucher facilement les aisselles. Du coup, elle se passe la main sous le bras, la renifle et l'essuie sur son jean.

« Alors, dit-elle, où sont les rafraîchissements?

— Suivez-moi », ordonne Joey.

Il nous entraîne le long de la pelouse. Au bout, il y a de gros rochers que l'on peut facilement dégringoler pour s'installer à l'abri des curieux. Par terre, des tessons de bouteilles indiquent que nous ne sommes pas les premiers à avoir eu cette idée, mais c'est à peu près propre.

« Mesdemoiselles, désirez-vous profiter du panorama, ou plutôt vous installer sous les pins? »

Elles se mettent à rire.

« Je voudrais voir ma maison, dit Eileen. Ça fait des années que je ne suis plus montée ici. »

Joey ouvre la bouteille et boit une gorgée, puis la passe à Shannon, qui la passe à Eileen, puis à moi.

« Regardez, s'exclame Joey, c'est le banc de Herbie!

— Et Herbie est assis dessus.

— Mais non! »

J'insiste :

« Mais si!

— On ne peut pas voir qui c'est.

— Et qui d'autre que lui s'y assoit? »

Il y a une silhouette sur le banc, qui ressemble fort à celle de Herbie. On est à cinq cents mètres à peine.

« Je te dis que c'est Herbie.

— Bien sûr, intervient Eileen en plissant les yeux. Il porte son T-shirt "SUPER-MACHO".

— Il a deux nouveaux boutons sur le menton, et un peu de sauce tomate au coin de la lèvre », ajoute Shannon.

Je reprends la bouteille.

« Croyez-moi, c'est bien lui.

— Salut, Herbie ! s'écrie Shannon en agitant les mains. Monte nous rejoindre ! »

Je regarde bouger les muscles de son bras, un par un, longs et nerveux sous sa peau bronzée. Elle arrange une mèche de cheveux derrière son oreille et me surprend en train de la dévisager. Elle sourit, hausse un sourcil.

Elle est assise à ma gauche et un peu au-dessus de moi, les jambes croisées, sa veste en jean nouée autour de la taille. Eileen est en face de moi au même niveau, mais plus proche de Shannon. Joey est à côté d'elle, les yeux fixés sur la ville.

« Oui, déclare-t-il solennellement. C'est bien Herbie. »

Nous éclatons tous de rire.

Vers sept heures du soir, un mouvement général se dessine en direction du stade. Les voitures roulent dans ce sens, et dans les rues, le flux des passants se dirige aussi par là. La nuit tombe ; les lampadaires sont déjà allumés. Il est temps de nous mettre en route, sinon la descente risque d'être pénible.

Il reste trois doigts de cidre dans une des deux bouteilles et je me sens gai. Quand on se mettra debout, on verra bien si ça tourne.

Je demande à Joey en désignant la scène d'un geste de la main :

« Ça nous fait combien de points, là ? »

Depuis tout à l'heure, nous discutons pour savoir ce qui est « classe » et ce qui ne l'est pas, et comment se faire une place dans l'élite de notre génération.

« Quelques-uns, répond Joey. Faut voir comment ça évolue.

— Quels points ? interroge Eileen.

— Des points d'auto-estimation. Rien d'officiel.

— Quoi ? C'est pour mesurer votre niveau social, c'est ça ? Pour savoir dans quelle catégorie vous vous situez ?

— Genre, ouais. »

Eileen se met à rire et se tourne vers moi.

« Alors tu te donnes des points en plus parce que tu sors avec moi? »

Je rougis et je secoue la tête.

« Ouais, enfin... je sais pas. Mais tu vois bien ce que je veux dire. Tout le monde a ses critères d'auto-estimation. Pas forcément avec des points, mais... »

Shannon se redresse, un sourire aux lèvres.

« Je dirais que Joey vaut un demi-point pour moi, au moins. Qu'est-ce que tu en penses, Eileen?

— Allez, trois quarts de point. Et Bones? Tu crois que ça me fait des points de sortir avec lui?

— Un point. Deux s'il essaie de t'embrasser tout à l'heure... et cinq si tu le laisses faire. »

Ça ne risque pas d'arriver. Je ramène la discussion sur un ton plus sérieux.

« Vous savez comment c'était, avant? Du temps de nos parents, le truc le plus top c'était le sport. Maintenant, pour être "cool", il faut jouer dans un groupe de *heavy metal*, vendre de la drogue ou se balader avec une arme. C'est ça, la "classe".

— Oui, approuve Eileen. Ou coucher avec un mec plus vieux. »

Avec Joey, on tourne lentement la tête vers Shannon et on la détourne aussitôt.

« Oh ! proteste-t-elle. Ce que vous avez l'esprit mal tourné ! »

Elle saisit la bouteille et boit tout ce qui reste, trois paires d'yeux fixées sur elle.

Il fait nettement plus frais depuis que le soleil s'est couché. Eileen ramasse mon sweat, celui où Joey avait emballé les bouteilles, et demande si elle peut le mettre.

« Je ne sais pas s'il est propre.

— J'en mourrai pas ! » répond-elle en l'enfilant.

Il y a une inscription dans le dos : *Sturbridge Football Club.* Tout le monde sait qu'elle ne fait pas partie de l'équipe, et que moi, oui. Ça va paraître un peu bizarre, au stade. Mais bon.

Shannon se lève et passe sa veste en jean. Nous descendons tous les quatre sur le chemin de terre. Le sac de gym, je viendrai le chercher demain.

Entre le guichet du stade et les gradins, on

est sûr de croiser tous les gens du lycée et d'essuyer le feu roulant des critiques. Joey et Shannon se tiennent par la main, avec Eileen d'un côté et moi de l'autre, mais tout le monde nous regarde comme si on était ensemble elle et moi. Et de fait...

J'aimerais me glisser sur un banc et ne plus me faire remarquer, mais Joey entraîne Shannon vers le stand des boissons où se trouvent justement tous les gars du club de foot. Herbie est du côté sombre, vers les toilettes, une cigarette au bec, en compagnie de Rico, Trunk et Hernandez.

Shannon s'approche de lui et lui demande :

« Est-ce que tu étais sur ton banc tout à l'heure ?

— Évidemment.

— Il y a une heure à peu près ?

— Ouais. Pourquoi ? »

Je me tourne vers elle.

« Je te l'avais bien dit !

— Nous, poursuit Shannon, on était sur la colline.

— Je sais.

— Tu nous as vus ?

— Je te reconnaîtrais à des kilomètres, ma belle ! »

Elle rougit et se met à rire. Herbie aussi.

Rico, Trunk et Hernandez ne décollent pas les yeux de Shannon. Elle a deux doigts accrochés dans le passant de ceinture de Joey. Eileen la tire par le bras.

« Tu m'accompagnes aux toilettes? »

Elles s'éloignent sans rien dire.

« Qu'est-ce que vous avez bu?

— Du cidre, répond Joey. Un mec de boulot nous l'a déniché.

— Elles sont soûles?

— Je crois. J'espère. »

Herbie se tourne vers moi avec un petit sourire. Je fais les yeux ronds. Rico murmure quelque chose à l'oreille d'Hernandez et ils se mettent à glousser. Je leur jette un regard furieux. Je n'ai pas entendu mais je sais de quoi ils parlent. Je vais pour leur expliquer la situation, mais je m'arrête au premier mot.

« Elle… Je vais pisser. »

Et merde, qu'est-ce que ça peut me faire?

Je m'éloigne sans me retourner.

Les filles passent toujours plus de temps dans les toilettes que nous. Quand je sors, elles sont en train de sortir aussi. Shannon met un bras autour de mon épaule – ça me plaît mais ça me donne un peu l'impression d'être son petit frère. Je laisse mes bras pendre le long de mes flancs.

« On va chercher de quoi boire », dit-elle.

Au stand des boissons, elle achète quatre Cocas et deux sucettes.

« T'en veux une, Eileen ?

— Une violette. »

Je cherche mon portefeuille, mais Shannon insiste pour payer. Elle enlève son bras de mon épaule et sort son porte-monnaie. Elle pose trois dollars et son porte-monnaie sur le comptoir.

Eileen prend deux Cocas et Shannon les deux autres. Les mains pleines, elle tend ses fesses vers moi.

« Tu veux bien remettre mon porte-monnaie dans ma poche ? »

Avec toute la délicatesse possible, je le glisse dans la poche arrière de son jean, qui est très serré. Eileen sourit et secoue la tête. Puis nous allons retrouver Joey.

Sur le banc, à la quinzième rangée, nous nous disposons comme suit : Joey, Shannon, moi, Eileen.

L'équipe de Sturbridge commence par

perdre, mais Lenny Olver égalise avant la fin du deuxième quart de jeu. L'orchestre du lycée entonne *Born to Run* et les majorettes se lancent dans une espèce de danse sexy. Je donne un coup de coude à Shannon.

« Pourquoi tu n'en fais pas partie?

— Des majorettes?

— Ouais. »

Elle hoche la tête.

« Je suis trop plate. »

Je me penche pour vérifier. Elle place une main sur mes yeux, et de l'autre, fait mine de se cacher la poitrine en riant.

Je lui adresse une grimace effarée, pour montrer combien son affirmation me choque, mais elle répète avec un claquement de langue :

« Si, si, je te jure! »

Je jette un coup d'œil à Joey. Il a les yeux fixés sur le terrain. Sans ses lunettes, il n'y voit rien. Et peut-être même qu'il est devenu sourd, puisqu'il n'a rien dit depuis que nous sommes assis. Il est là, voilà tout. Malheureusement pour moi.

Après le match, Joey et Shannon s'éclipsent. Je raccompagne Eileen chez elle, lentement.

Depuis la colline, elle m'a montré où elle habitait. On a pris la rue parallèle à la rue principale, c'est plus calme. Il n'y a pas de trottoir. Nous marchons sur la chaussée.

Je ne sais pas quoi faire de mes mains. Nous avançons en silence, mais elle me regarde tout le temps. Au bout de trois pâtés de maisons, je prends la parole :

« Joli match.

— Oui », murmure-t-elle dans un souffle.

Cent mètres plus tard, je lui effleure la main par mégarde.

« Oh… »

Je fourre la mienne dans ma poche. Elle s'arrête brusquement, se dirige vers le bord de la route et se penche.

« Qu'est-ce que tu fabriques ? »

Elle vomit. Sans bruit, en deux ou trois spasmes.

Je recule et je détourne les yeux.

« Ça va ? »

Elle ne répond pas. Elle se redresse et je l'entends qui murmure un : « Merde ! » Elle s'essuie la bouche sur sa manche… c'est-à-dire sur la mienne.

Au bout d'une minute, nous recommençons à marcher.

« Tu m'angoisses, dit-elle.

— Moi ?

— Hmmm.

— Pourquoi ?

— Je ne sais pas. Enfin, tu m'as invitée à sortir avec toi, mais c'est clair que je ne suis pas ta préférée.

— Ah…

— Tu as passé toute la soirée à la regarder. »

Je me gratte le menton.

« Pas vrai ?

— Je suis désolé.

— Ce n'est pas un problème, dit-elle avec un haussement d'épaules. Des fois, même moi je n'arrête pas de le faire. »

Nous descendons vers la rivière. C'est là qu'elle habite, dans Court Street. Nous croisons la rue principale à un bloc du banc de Herbie, qui est déjà plein. J'entends quelqu'un (on dirait la voix d'Hernandez) qui crie :

« Vas-y, Bones ! »

Je fais semblant de ne pas avoir entendu. Mais Hernandez aura droit à quelques coups de coude bien sentis à la prochaine séance d'entraînement.

Comme je me suis tu depuis un bon moment, je lui demande à nouveau :

« Ça va ?

— Oui, répond-elle dans un soupir. J'ai vraiment le chic pour ce genre de choses. La grâce incarnée ! »

Elle rit silencieusement.

« Tu sais, je suis pareil.

— Ah bon ? »

Je m'arrête et je pose le pied sur un muret de ciment qui entoure une maison.

« À la maternelle, une fois, j'ai été engagé dans une pièce de théâtre. Ça se passait dans un magasin de jouets, ils avaient besoin de petits enfants pour se déguiser en joujoux, en petits clowns qui s'animaient la nuit venue. Ils ont choisi deux filles et moi. Pendant la plus grande partie de la pièce, nous faisions de la figuration, mais il y avait un moment où nous devions effectuer des galipettes... »

Je reprends mon souffle. Elle s'est assise sur le mur, à cinquante centimètres de mon pied.

« Et moi, au milieu d'une roulade, voilà que je me cogne le nez contre le sol. Le sang jaillit, on interrompt la pièce... Le temps de me traîner en coulisse, et ils ont continué sans moi.

— C'est mignon, constate Eileen.

— Ma mère aussi a trouvé ça “mignon”.

— Moi, dit-elle, j'ai vomi deux fois à l'école. Une fois dans la cour de la maternelle, et une fois en Sixième sur mon bureau. Je n'avais pas mal au cœur, rien. C'est venu comme ça...

— Tu en as mis sur quelqu'un?

— La fille devant moi en a reçu légèrement. M. Di Palma a jeté un peu de poudre verte dessus...

— De la “Poudre magique Anti-Vomi...”

— Ouais... Mais le pire, c'est que l'infirmière du collège a refusé de me laisser rentrer à la maison. Je suis restée deux heures dans son bureau.

— Et tu as déjà pissé dans ta culotte? »

Elle écarquille les yeux.

« Bonne question.

— Moi, oui. Pas à l'école, mais dans une compétition d'athlétisme.

— Beurk! Ne me raconte pas ça! »

Mais elle sourit et se penche vers moi. Je m'assois.

« C'était une compétition municipale, avec

une centaine de gamins. Tu imagines : une bonne vingtaine de manches pour le 100 mètres, et moi devant courir à la dix-huitième. Il faisait frais, il pleuvait un peu et j'étais très nerveux parce que c'était ma première vraie compétition.

« Notre tour arrive enfin. Je m'accroupis sur la ligne de départ, très concentré. Le starter crie : "À vos marques..." Je pose mes doigts sur la ligne. "Prêts..." Je m'appuie sur les doigts et je soulève les fesses... Et c'est à ce moment-là que je sens une espèce de liquide chaud me couler le long des jambes. Un petit bruit de pluie résonne sur le sol...

« Le starter se met à rire, s'approche de moi et s'accroupit lui aussi. Il est très sympa. Il me dit : "Il y a des toilettes dans le bâtiment là-bas, juste après la ligne d'arrivée", et il me tapote la tête.

« Il donne le signal du départ et c'est moi qui gagne la course, mais après la ligne d'arrivée, je cours, toujours aussi vite... vers les toilettes. Ce qui ne sert à rien puisque j'ai déjà tout évacué. Il ne me reste plus qu'à tirer mon maillot par-dessus mon short... Sauf que l'épreuve suivante, c'est le saut en longueur, et que le sable est resté collé à mon short mouillé. »

Nous éclatons de rire.

Mais soudain je m'interromps. Je me rends compte que nous sommes assis tous les deux dans le noir, sur un muret de ciment, et je me souviens de la remarque de Shannon : « S'il essaie de t'embrasser… » La voix d'Hernandez résonne encore à mes oreilles.

Au même moment, nous tournons la tête chacun d'un huitième de tour et nous nous regardons, avant de la ramener précipitamment d'un quart de tour dans l'autre sens. Je recommence à me mordre les lèvres. Elle, elle tapote son talon sur le sol.

Encore une minute de silence, puis elle dit qu'elle doit rentrer.

« D'accord. »

Nous nous remettons en route.

Elle ajoute :

« Je laverai ton sweat-shirt.

— Merci. C'est pas pressé. »

Nous arrivons devant le portail de chez elle et nous restons là, dans la pénombre, au lieu de remonter l'allée jusqu'à la porte de la maison. Elle a une expression étrange dans les yeux. Quelque chose d'apeuré et de provocant à la fois. La lumière lointaine du porche donne à ses cheveux orange un reflet électrique.

Je m'approche de quelques centimètres, et elle tend la bouche vers moi, les lèvres arquées aux commissures dans une espèce de sourire, de moue ironique ou séductrice. Ma voix s'étrangle dans ma gorge, mais je la retrouve, suspendant un instant mon approche.

Je m'entends murmurer une excuse :

« On va voir si tu sens le vomi… »

Nullement. Elle a le goût d'un chewing-gum à la chlorophylle qu'elle a dû mastiquer en douce.

Je m'écarte, dodelinant de la tête, et je marmotte un « bonne nuit ».

Elle répond :

« Toi aussi », et me regarde partir.

Je tourne les talons avec un geste de la main rapide, un peu maladroit, puis je m'éloigne à toute vitesse, sans un coup d'œil en arrière.

Elle avait les lèvres fermes et douces, étonnamment agréables pour quelqu'un qui a des ennuis de digestion pareils.

La soirée n'était pas si mal.

Mais ça ne me mène nulle part.

10

La maison de repos

Le samedi, c'est le grand jour [illegible] La famille est réunie pour dîner et ma mère a fait [illegible] Papa et elle [illegible] [illegible] [illegible]

Pourtant, après avoir [illegible] papa demande à Tommy s'il a reçu des lettres [illegible]

« [illegible] »

Ça fait seulement deux jours qu'il [illegible] mais il reçoit [illegible] des lettres [illegible]

10

La maison de repos

Le samedi, c'est le seul soir où toute la famille est réunie pour dîner, et ma mère en fait toute une histoire. Papa et elle boivent du vin ce soir-là, et on prend le repas dans la salle à manger au lieu de la cuisine.

Pendant que nous attendons le rosbif, papa demande à Tommy s'il a reçu des lettres aujourd'hui.

« Deux ! Une de Bucknell et une d'une petite fac du Maine. »

Ça fait seulement deux ans qu'il boxe, mais il reçoit environ dix lettres par semaine d'universités qui veulent le recruter. C'est en partie parce que le club de Sturbridge a été classé à l'échelon national cette saison : deux boxeurs ont obtenu un titre national dans des petites compétitions il y a quelques années, et c'est pour ça qu'on est sur les listes. Pas de quoi en faire un plat.

« Il va falloir aller les visiter, ces universités, dit ma mère. Les grandes, comme Penn State et Syracuse, sont de véritables villes miniatures. Tu seras sûrement plus à l'aise sur un petit campus. »

Papa et elle se sont rencontrés à Lycoming College, du côté de Williamsport, et ils seraient ravis si Tommy pouvait faire ses études dans « leur » fac. Mais Lycoming n'a pas de filière sportive, et Tommy est tellement mordu qu'il veut en faire sa matière principale. Je pense qu'il choisira Syracuse : c'est là que nos deux champions nationaux ont été. Et tout le monde compte sur Tommy pour suivre leurs traces.

« Et toi, Barry? me demande mon père. Tu t'es bien entraîné aujour'hui?

— Ouais, comme d'habitude. On court beaucoup. »

Ma mère pose une main sur mon épaule.

« Donna Luther était à la caisse du supermarché, cet après-midi. Elle est très jolie.

— Ah ouais ? »

Donna est du genre qui plaît aux mères et pas aux fils : le genre qui décourage toutes tentatives sexuelles. Ma mère me teste, elle veut savoir si je suis normal. C'est pour ça qu'elle mentionne régulièrement des filles « bien », pour voir ma réaction.

Elle travaille au guichet de la banque, et mon père dans une compagnie d'assurances. Deux emplois pas très passionnants, mais qui nous permettent de vivre plus à l'aise que la plupart de mes amis. Maman est une vraie fille de Sturbridge : elle est née ici, et pendant ses années d'école et de lycée, elle avait des tas d'amis. Mon père aussi est né ici, mais il a toujours été plus discret. Comme il a deux ans de plus qu'elle, ils se sont vraiment connus à la fac.

Mes parents viennent de temps en temps me voir courir ou jouer au foot. Par contre, ils ne manquent pas un combat de Tommy, et ils assistent à presque toutes ses courses de cross-country. Mais je ne suis pas jaloux. C'est impossible de détester un gars comme mon frère.

Je me lève de table et ma mère m'interroge :

« Tu vas chez Joey? »

Avant, elle ne posait jamais la question. Depuis huit ans, si je quittais la maison, il était évident que j'allais chez Joey, et vice versa. Maintenant, elle se sent obligée de demander. Elle flaire sûrement quelque chose, mais elle ne sait pas trop quoi.

Je hausse les épaules et je réponds :

« Peut-être. »

En fait, il y a des semaines que je n'ai pas mis les pieds chez lui. Ça me plaît de traîner dans la rue principale, mais il est vrai qu'elles me manquent, les soirées passées avec lui dans sa chambre ou la mienne à écouter de la musique et à jouer aux échecs. À parler de la vie, des filles, de la sexualité (pas « comment on fait », mais « est-ce qu'on aimerait », « quand et avec qui »). Maintenant, il se rapproche de ce genre de choses, et moi, je reste en plan.

Je vais vers notre banc. Herbie mange un hot dog de Turkey Hill, et Rico l'accompagne en mâchant un chewing-gum. Ça fait quelques jours que Rico traîne avec nous. Il est arrivé l'an dernier de Jersey City, en plein milieu de l'année scolaire, et jusqu'à son admission dans l'équipe de foot, je crois bien qu'il n'avait parlé à personne.

« Tu es en retard, dit Herbie en pointant sur moi un doigt accusateur. À cause de toi, nous avons manqué trois candidats de choix.

— Désolé. J'avais ma corvée familiale hebdomadaire à remplir.

— Excuse rejetée.

— De toute façon, ils repasseront. »

Le compte en est à soixante-trois, et le rythme se maintient.

« Alors, reprend Herbie, comment s'est terminée ta soirée romantique ? »

Rico et lui échangent des sourires ironiques, comme s'ils savaient déjà tout.

« Pas mal.

— Il paraît que mademoiselle a eu un petit malaise… »

Ils éclatent de rire, et je me demande qui a bien pu vendre la mèche. Moi, je n'en ai parlé à personne. Peut-être qu'elle l'a dit à Shannon, qui l'a répété à Joey… Et Joey n'aura pas manqué de le répéter à son tour à la cantonade.

« C'est vrai.

— J'aime les filles qui vomissent, déclare Herbie. C'est très séduisant.

— Va te faire… ! »

Mais je ris avec eux. La gêne, sans doute.

« Ça a le mérite d'être clair. Comme ça, tu es sûr que tu lui plais », insiste Herbie.

Rico rigole tellement qu'il ne peut pas parler. Il parvient finalement à balbutier :

« Il y avait du jambon dedans?

— Du jambon?

— Des petits bouts de jambon, ou des haricots verts?

— Je n'ai pas vérifié. »

En fait, je suis revenu devant cet endroit le lendemain, en effectuant mon jogging. Mais je ne l'admettrais pour rien au monde.

« C'était surtout du cidre et du Coca. Le bruit était plutôt liquide. »

Pendant les minutes qui suivent, nous regardons défiler les voitures. Herbie annonce :

« Soixante-quatre. »

C'est M. Torcelli, un prof de maths, qui passe son temps à se plaindre.

« Vous avez aperçu Joey?

— Il est parti à la maison de repos avec Dusty. »

La maison de repos se trouve au bout de Church Street, près de la rivière. C'est un ensemble de petits appartements pour des gens un peu dérangés, autistes ou schizophrènes. Mais leur terrain de basket-ball est grand, ouvert 24 heures sur 24, et toujours éclairé.

Ce n'est pas que j'aie envie de voir Joey, mais je voulais savoir où il était. Et en compagnie de qui. Il joue au basket avec Dusty. Tant mieux.

Mardi : Scranton Prep nous écrase 3-1. Ce n'est pas un match de championnat, mais ça montre qu'il y a encore un fossé entre nous et les bonnes équipes de la région.

Après la partie, Joey et moi devons nous rendre au boulot. Mais le match et le voyage en car nous ont épuisés, et nous n'avons aucune envie d'y aller. En quittant les vestiaires, Joey se tourne vers moi.

« Tu as très bien joué, mais ils nous ont aplatis.

— Hmm. Ils ont plus d'expérience.

— Et surtout, ils s'exercent toute l'année. Alors que les gars de notre équipe ne s'y mettent qu'à l'automne. »

Il a raison. Joey et moi, nous travaillons nos coups de pied et nos passes à longueur de mois, mais la plupart des joueurs oublient le foot dès la fin de la saison.

« Joey, dis-je, tu étais le meilleur sur le terrain aujourd'hui.

— Non. Il y a deux gars de Scranton qui jouent mieux que moi : le n° 8 et le Black milieu de terrain.

— Tu crois ?

— J'en suis sûr. L'an prochain, nous serons à leur niveau, et dans deux ans, nous serons imbattables. Il faut juste que les gars s'engagent un peu plus. Il faut qu'ils en veuillent autant que nous. »

Vers neuf heures du soir, nous sommes en train de remplir le lave-vaisselle quand Joey me fait remarquer que Kenny s'est endormi dans le bureau.

« On pourrait piquer des trucs.

— Quoi ?

— Je ne sais pas. Des steaks.

— Et qu'est-ce qu'on en ferait ?

— Ben... on pourrait les ramener chez nous et les manger.

— Tes parents sont là ?

— Oui.

— Les miens aussi. Impossible de les faire cuire chez moi.

— Mais si on les planquait pour ce week-end ?

— Sous un rocher, genre ?

— Je ne sais pas.

— Voyons, Joey, il faut les conserver au frigo !

— Ah oui, c'est vrai. »

Il se met à nettoyer les couverts, en jetant ceux qui sont trop sales dans la poubelle. Soudain il relève la tête.

« On devrait peut-être trouver une glacière et les cacher dans mon garage… La semaine prochaine, par exemple.

— On avisera.

— On ferait une de ces fêtes… Je pense qu'on pourrait en prendre assez pour dix.

— Peut-être.

— Si jamais tes parents te laissent la maison un de ces jours, on organisera ça. Ce serait super. »

11

Chez le coiffeur

Ce mercredi, Len nous libère plus tôt que prévu après l'entraînement. Je descends la colline vers le salon de coiffure *Chez Jerry*, où la coupe coûte six dollars. Je n'ai pas besoin d'aller me faire coiffer chez un « visagiste » pour quatorze dollars.

Les trois coiffeurs sont occupés au moment où j'arrive. Je m'assois sur un fauteuil libre, en moleskine rouge avec des accoudoirs en inox. Ils sont frères tous les trois, ils ont la cinquantaine. Je crois que Jerry, c'était leur père. Ils ne parlent pas tellement avec les jeunes de mon âge, seulement pour demander à quelle longueur on les veut. Ils portent tous les trois la même blouse marron et ils ont les cheveux tellement lissés sur le crâne qu'on voit tous les sillons du peigne un par un.

Mon père dit que le salon n'a pas changé depuis son enfance à lui, et probablement depuis plus longtemps encore. Ils écoutent toujours une station de radio du New Jersey (je ne sais pas comment ils la captent, moi, je n'y suis jamais arrivé) qui joue du jazz des années 30 et 40.

Un des trois a fini. Il me fait signe de m'asseoir sur sa chaise.

« Une coupe classique? »

Question dangereuse. Qu'est-ce que ça veut dire, « classique »? Je réponds :

« Oui, mais pas trop courte. »

Il se met à l'œuvre. La porte du salon s'ouvre et, à ma grande surprise, c'est Footstepper qui entre. Le coiffeur qui s'occupe de moi (nous sommes les plus proches de la porte) le salue d'un :

« Bonjour, Jack. Ça boume? »

Footstepper rougit et répond :

« Salut, Gene. »

Les deux autres coiffeurs le saluent à leur tour. Il entre dans l'arrière-boutique, en ressort avec un balai et se met à balayer par terre. Consciencieusement, il forme trois tas de cheveux, un par chaise. Il les pousse séparément vers le fond de la pièce, les ramasse et les jette un par un dans la même poubelle.

Après avoir terminé, il ouvre la porte des toilettes et se met à laver par terre. Le sol est un damier de grandes dalles vert et crème, et Footstepper lave les carreaux un par un, avec un zèle un peu maniaque. Je le regarde par la porte ouverte. Il est encore en pleine action au moment où je me lève pour payer et pour partir.

Il ne fait pas encore nuit, et je me sens plein d'énergie. L'entraînement a été facile. Je descends vers Court Street et je me mets à courir. J'ai envie de bouger.

En atteignant à la rivière, je prends le pont qui mène à la rue principale. Je passe en fonçant devant le gymnase municipal et je traverse la rue pour emprunter le sentier qui monte sur la colline.

Je grimpe à toute vitesse, moins de quatre minutes. Arrivé en haut, je m'arrête pour reprendre mon souffle. Je suis en sueur.

Appuyé contre la rambarde, je regarde la ville. L'à-pic est très raide ici, vingt mètres au-dessus de la cime des érables. J'entends un camion qui passe. Des cris indistincts. Des chiens qui aboient dans le lointain. Une portière de voiture qui claque. Tous ces sons me parviennent de loin, comme étouffés.

Je vois aussi notre maison avec son toit gris foncé. La plupart des toits de la ville se déclinent dans toutes les nuances de gris, du presque blanc au presque noir. Les maisons sont blanches, grises ou bleues, avec les encadrements de portes et de fenêtres peints en brun ou en vert sapin. Quelques-unes sont rouge brique, mais les seuls monuments vraiment construits en briques sont les églises, le tribunal et le gymnase.

À cette extrémité de la ville, les jardins sont petits mais bien tenus. Chez les Hernandez, on distingue nettement les carrés de pelouse.

La cité tout entière est un amas de petits cubes avec des toits en pente et des cheminées grises. C'est un bon endroit pour passer son enfance. Mais après, je ne sais pas. Ça doit être dur de vivre toute sa vie ici. Revenir de temps en temps, peut-être?

Je décide de redescendre en marchant. J'ai assez couru comme ça, et de toute façon, je suis en retard pour dîner.

12

Un petit tour en voiture

« On est nuls », dit Herbie en quittant le terrain.

Rico et moi, nous le suivons, un peu à la traîne du reste de l'équipe. Nous sommes furieux. Ce match, il fallait le gagner, mais tout ce qu'on a réussi, c'est à faire match nul. Je me plains que Joey monopolise la balle. Herbie prétend que c'est ce qui nous a coûté la victoire. Joey parle tout le temps d'élever les autres coéquipiers à notre niveau, mais sur le terrain il joue tout seul.

Wallenpaupack n'est pas dans le championnat, mais qu'importe, nous aurions dû gagner. La semaine prochaine, nous commençons la série des matches retour, et ce n'est pas le moment de se laisser aller.

Herbie crie pour attirer l'attention du groupe qui marche devant nous :

« Hé, Joey ! On se demandait… Toi qui joues au foot depuis longtemps, est-ce que ça t'est déjà arrivé de passer la balle pour qu'un autre marque le but ? »

Joey se retourne et prend une inspiration pour répondre, avant de s'apercevoir que Herbie se fiche de lui.

« Va te faire voir.

— Non, sérieusement ?

— Ça m'est arrivé pas plus tard que la semaine dernière.

— Ah oui, c'est vrai… J'avais oublié. Je pensais que tu avais seulement perdu le contrôle de la balle… »

Joey regarde fixement Herbie, les yeux plissés. Aujourd'hui, il aurait pu passer la balle trois fois, dont deux à moi, mais à chaque fois il a voulu tenter sa chance tout seul.

« Je n'aime pas trop ces histoires… »

Herbie fait comme s'il ne l'avait pas entendu et se tourne vers Rico et moi.

« J'aurais pensé que ça lui était arrivé au moins une fois.

— Qu'est-ce que tu racontes? intervient Joey en s'approchant.

— J'ai dit que ça aurait au moins pu t'arriver une fois dans ta longue carrière.

— Dis donc, t'es pas content ou quoi? »

Herbie s'arrête et se plante en face de Joey, un sourire sur le visage. Il n'a pas l'air de chercher la bagarre. Mais il a vraiment le chic pour énerver Joey.

« Je suis très content, mais j'ai bien le droit de poser des questions. Je suis curieux...

— Va te faire voir.

— Non, c'est parce que je me demandais : avec tout le talent que tu as, est-ce que tu as déjà songé à collaborer un peu avec les autres? Genre : passer le ballon au lieu de slalomer entre les joueurs?

— J'ai marqué 9 buts depuis le début de la saison.

— 9 buts, et une passe, corrige Herbie en souriant.

— C'est ça.

— Je voulais juste vérifier.

— Le compte y est.

— C'est pas mal, comme proportions.

— Je trouve aussi. »

Dusty s'est approché, et avec lui presque toute l'équipe.

« Pourquoi tu cherches la petite bête, Herbie ? »

Dusty joue avant, lui aussi, et il se sent probablement un peu visé.

« Je ne cherche rien. Je me demande seulement comment on se débrouillerait si on avait un attaquant au lieu d'une star.

— C'est peut-être toi qui aimerais être la star, hein ?

— Peut-être, répond Herbie. Et peut-être pas. »

Joey revient à la charge.

« Tu sais, il y a des critères qui font qu'on te désigne comme attaquant.

— Ah oui ?

— Tu crois que tu restes planté dans les buts parce que tu es un bon footballeur, peut-être ? »

Joey commence à se mettre vraiment en colère. Herbie ne s'y trompe pas, et il continuera jusqu'à le faire exploser ou partir. Moi, je m'amuse comme un fou. Joey l'a bien mérité. Mais j'aperçois l'entraîneur qui sort du minibus et qui s'approche.

Joey est toujours en train de faire des commentaires idiots sur les qualités d'athlète qu'il faut pour jouer avant.

« J'aimerais bien te voir courir comme nous, toi, le fumeur! »

Herbie serre les deux mains sur son cœur et recule en titubant.

« Dieu, quel sarcasme mordant! Vais-je le supporter?

— Non, espèce de lavette. Tu vas t'écrouler. »

Len est arrivé à notre hauteur. Il se tait; il dévisage Herbie, puis Joey, puis moi.

« Tout le monde dans le minibus, dit-il sèchement. Sauf toi, Herbie. »

Nous avançons lentement vers le véhicule. J'entends Len qui réprimande Herbie. Joey me jette un regard noir, que je lui rends.

« Bravo, ironise-t-il. Tu choisis bien tes amis. »

Je détourne la tête. J'ai bien le droit de me faire des copains. Je prends un siège à côté de Rico. Personne ne dit rien. Tout le monde observe l'entraîneur et Herbie qui sont restés sur le terrain. Herbie se met à courir. Len revient vers le minibus sans le quitter des yeux.

Herbie exécute cinq fois le tour du terrain puis remonte dans le véhicule en prenant tout son temps, et vient s'asseoir juste devant moi. Au moment où le car sort du parking, il se retourne et me lance un grand sourire.

Samedi soir, tout le monde se retrouve sur le banc avec Herbie : Rico, Hernandez et moi. Le compte en est à soixante-seize, mais le rythme s'est beaucoup ralenti. La ville nous a fourni l'essentiel de ses candidats, ceux qui viendront à partir de maintenant créeront la surprise.

On s'ennuie ferme, ce soir. Il y a une fête quelque part, mais pour les Premières et les Terminales. Au bout d'un moment, Rico et Hernandez décident d'aller faire quelques paniers sur le terrain de la maison de repos.

À dix heures et demie, je reste seul avec Herbie.

« Il est trop tôt pour rentrer chez moi.

— Il est toujours trop tôt pour ça », plaisante-t-il.

J'acquiesce, mais en même temps je commence à y penser. Si je rentre, j'aurai le choix entre regarder la télé avec mes parents ou lire dans ma chambre. Ce serait encore plus ennuyeux que de rester sur le banc, mais ce ne serait pas atroce. Quelque chose me dit que, pour Herbie, les choses se passent différemment. Je lui demande :

« Ça t'arrive de rentrer chez toi ? »

Il me dévisage stupéfait.

« Tu te fiches de moi ?

— Non.

— Bien sûr que je rentre. »

Je hoche la tête.

Herbie prend une cigarette et fouille dans ses poches à la recherche de son briquet.

« J'essaie d'éviter Peter, autant que possible. »

Peter, c'est son père. De temps en temps, il lui casse la figure. Et peut-être à sa mère aussi.

Il a allumé sa cigarette. Un filet de fumée bleue s'élève à la verticale.

« C'est pas de la tarte. »

À nouveau, je hoche la tête. J'aimerais pouvoir dire que je sais ce que c'est, que mon vieux n'est pas marrant non plus, qu'il se comporte comme un salaud, et qu'il me rabaisse tout le temps et qu'il me met des raclées, mais ce n'est pas vrai.

Pas pour moi.

Une voiture s'arrête en face de nous. C'est celle de mes parents, avec Tommy au volant. Tony Terranova baisse la vitre et nous salue :

« Messieurs... »

Je réponds :

« Tony...

— Salut, les mecs ! » s'exclame Shannon, qui est assise entre mon frère et Tony.

Elle se penche un peu et ajoute :

« Vous avez vu Joey ?

— Pas depuis cet après-midi. Je croyais qu'il était avec toi.

— Il devait nous rejoindre à la fête chez Debbie... »

C'est la fête de la soirée. Et Joey n'y a pas mis les pieds. Shannon n'a pas l'air particulièrement bouleversée.

Mon frère sort par sa portière tout en laissant tourner le moteur. Il s'avance vers le banc.

« Qu'est-ce que vous fabriquez ? » dit-il en serrant la main de Herbie qu'il connaît à peine.

Je réponds :

« Rien... C'était bien, la fête ?

— Bof. Je n'étais pas dans l'ambiance. »

Il remarque que je regarde vers la voiture

en me demandant pourquoi Shannon s'y trouve. Alors il se retourne vers Turkey Hill, dos au véhicule, et il me fait signe de m'approcher de lui par l'autre côté.

« On la ramène chez elle, explique-t-il à voix basse. tu veux venir?

— Pourquoi pas? »

Je me tourne vers le banc.

« Herbie, ça te dirait de faire un tour en voiture?

— Ah, je ne sais pas. Si j'abandonne ce banc, je risque de mettre l'univers en déséquilibre... »

Il se lève pourtant et ouvre la portière arrière. Je monte avec lui, et Tommy reprend le volant.

Nous faisons quelques tours de la ville, sans trop bavarder. Shannon se retourne et donne une claque sur le genou de Herbie.

« Alors, il paraît que vous avez failli vous battre l'autre jour, avec Joey? dit-elle en souriant.

— Rien de grave, réplique Herbie en faisant mine de boxer. Une petite prise de bec, quelques mots échangés entre hommes...

— Oui, c'est ce que j'ai cru comprendre.

— Une sorte de ping-pong verbal entre deux concurrents de grande valeur. »

Elle s'est mise à genoux sur le siège avant, face à nous. Elle éclate de rire.

« Tu m'amuses ! »

Nous faisons un aller-retour jusqu'à Weston, comme ça, pour rien. Tommy s'arrête pour acheter des beignets. Il est environ 11 h 45 quand nous déposons Shannon. Herbie descend devant son banc de la rue principale, puis nous ramenons Tony.

En rentrant vers chez nous, Tommy me donne son opinion sur Shannon :

« Elle est sympa, cette petite.

— Tu veux dire qu'elle est fabuleuse ! »

Il sourit, et aussitôt je regrette de m'être emporté.

« Merde ! »

Tommy m'envoie un léger coup de poing sur le bras et tourne dans notre rue. Mais au lieu de s'arrêter devant la maison, il continue, prend dans River Road, puis à gauche sur la route du cimetière qui monte dans les collines.

« Tu vas l'inviter à sortir, un de ces jours ?

— Je ne sais pas... Elle est un peu... Et puis, par rapport à Joey...

— Joey n'est même pas venu ce soir, répond Tommy en hochant la tête.

— Elle était fâchée?

— Elle n'avait pas l'air. »

Il réfléchit un moment.

« Tu te souviens quand j'étais en Seconde et qu'il a fallu que je batte Tommy pour gagner le championnat de boxe?

— Oui.

— Je l'ai battu. Ça ne lui a pas fait plaisir, mais nous sommes restés amis. Même meilleurs amis qu'avant. »

Je vois où il veut en venir, mais je ne suis pas d'accord.

« Ce n'est pas pareil.

— Tu as raison, dit-il.

— Et puis de toute façon, cette fille, elle est trop bien pour moi.

— Tu crois?

— Je pense, oui. Et le problème, c'est qu'elle devrait être trop bien pour Joey aussi.

— Tu as sûrement raison. Mais ce n'est pas l'avis de Joey… »

Il tambourine sur le volant.

« Ou peut-être que si, va savoir. »

Je hoche la tête. Tommy fait demi-tour dans une ruelle, et pendant le reste du voyage, nous ne parlons guère. Mais je me sens mieux. Ce n'est pas que les choses aient changé avec Shannon, mais au moins, grâce à Tommy, je vois les choses plus clairement. Il n'a pas toutes les réponses, mais il en sait plus que moi.

C'est précieux d'avoir quelqu'un comme ça dans sa vie.

Sturbridge vu par un de ses habitants (III)

La nuit, si vous n'arrivez pas à dormir, allez donc vous promener dans les rues vers trois heures du matin. Il faut se glisser sans bruit hors de la maison et ne prendre que les petites rues, pour pouvoir se cacher dans l'ombre quand une voiture de flics passe à votre portée. Voici une liste non exhaustive de ce que vous pourrez apercevoir si vous restez une heure dehors :

— *Deux médecins en blouse vert pâle qui*

sortent fumer une cigarette devant la sortie des « urgences » à l'hôpital.

— Le gars tout maigre avec des drôles de dents qui tient la boutique « traiteur de cuisine chinoise », dans l'allée derrière son restaurant, en train d'arroser ses choux.

— Les ouvriers de nuit de l'usine de matériaux de construction buvant leur café dans le parking.

— Un avocat éminent qui promène son chien incontinent.

— Moi.

13

Les Onze Mousquetaires

Nous avions cru commencer en fanfare la seconde moitié du championnat et écraser Weston North sur notre terrain. Il y a quelques dizaines de supporters dans les gradins, et le mois dernier, nous avons vaincu sans difficulté.

Mais la fin du premier quart de jeu se profile et nous n'avons toujours pas marqué. Weston nous met la pression. Leur ailier droit est en train de dribbler vers moi, je l'attaque. Il passe à un autre avant qui tire. Herbie rattrape.

Il regarde vers le milieu du terrain mais relance dans ma direction. L'ailier de tout à l'heure me subtilise le ballon et coupe vers les buts. Je lui cours après pour tenter de le tacler, mais il pose le pied sur le ballon et se détourne de sa trajectoire. C'est moi qui tombe pendant qu'il continue sa course. Il passe au buteur de son équipe, qui marque.

Je me cogne dans Dusty qui retourne à sa position.

« C'était quoi, ce tacle à la noix?

— C'est ce qu'on appelle le "jeu de défense".

— Ah ouais?

— Va te faire… »

Lui, il peut toujours courir pour que je lui file une passe.

Herbie profite de la pause pour rassembler les arrières et les milieux de terrain.

« Serrez les rangs, ordonne-t-il. Ils ont déjà eu six tirs au but.

— On est complètement absorbés par la défense, dit Rico. Il ne faut pas les marquer si on n'est pas capables de leur prendre la balle. Il vaut mieux protéger notre terrain.

— Et arrêtez de vous faire des passes de

fillettes juste devant ma cage. C'est trop dangereux. »

L'entraîneur nous appelle. Tout en courant vers lui, Rico me donne un coup de coude.

« Dusty, c'est vraiment un emmerdeur, hein?

— Ouais.

— Et Joey aussi. Les deux emmerdeurs. »

Le deuxième quart commence plutôt bien. Nous sommes enfin dans leur camp. Trunk essaie de feinter pour déjouer un milieu de terrain qui le serre de près, mais la balle sort. Je cours vers la touche. En face de moi, Dusty a toute la place, mais je préfère l'envoyer en direction de Rico. Il me glisse la balle et je me mets à dribbler. J'ai l'occasion de passer, mais je préfère continuer tout seul, le long de la ligne.

Je dépasse à toute vitesse l'ailier de tout à l'heure, mais un milieu de terrain se jette sur moi et sort la balle. Je la reprends et la lance vers Mitchell, qui la redonne en plein centre. Joey rattrape, dribble et tire de trop loin. Le ballon est renvoyé par un défenseur de mon côté du terrain. Je cours et je le récupère. Je suis loin de ma position, mais j'ai la balle au pied et une ouverture vers les buts.

Je fonce, mais un mur de trois défenseurs me coupe le passage et me presse vers le corner. Je m'arrête. Un tour complet sur moi-même et j'avance vers le centre. J'entends des cris : Dusty, Trunk et Joey me réclament le ballon. Mais je suis entouré de toutes parts, je ne peux ni passer, ni tirer.

C'est comme ça que trois avants de Weston North se retrouvent en train de courir, la balle au pied, vers nos buts. Trois petites passes et la voici dans notre surface de réparation. Hernandez tombe, Herbie se précipite, la balle lui file entre les jambes, et un gars de Weston, posté au bord de la surface de but, la balance dans le filet.

2-0. Il y a hors-jeu mais l'arbitre n'a rien vu. Dusty et Joey se jettent sur moi.

« Qu'est-ce que tu fous ? demande Joey.

— Je joue.

— Tu connais un truc qui s'appelle "passer le ballon" ? hurle Dusty.

— Moi oui, mais toi, par contre… »

Joey le saisit par le bras et l'entraîne avec lui. Puis il se tourne vers moi.

« Arrête de lui parler comme ça. C'est pas la peine d'en rajouter. »

Je hoche la tête. Il s'avance vers moi et me donne un petit coup de poing sur le bras.

« Tu t'es bien bagarré. Allez, la partie continue ! »

À la mi-temps, Len nous engueule un bon coup. Il dit que nous n'avons pas effectué une seule passe correcte depuis le début de la partie et que nos erreurs de défense sont impardonnables.

Moi, je n'ai pas joué aussi mal depuis que j'avais neuf ans.

Comme nous revenons sur le terrain, Joey s'avance vers moi.

« Qu'est-ce qui t'arrive, mon vieux ?

— J'en sais rien.

— Il faut que tu me passes la balle.

— Ouais. Et il faut aussi que tu la cèdes de temps en temps.

— O.K. Alors allons-y. Du nerf ! »

Il claque dans ses mains et se met à courir en criant :

« Allez Sturbridge ! »

Mais pendant le reste de la partie, nous ne parvenons pas à avoir la balle en même temps. Joey obtient un corner et marque, mais Weston North riposte immédiatement.

Nous perdons 3-1, et nous quittons le terrain dans un sale état.

« C'est trop nul ! » dit Dusty à la cantonade, mais en regardant vers moi.

Je ralentis le pas pour me retrouver avec Hernandez et Herbie.

« Vous savez ce qui me plaît dans cette équipe ? C'est son sens de l'unité. On se serre les coudes, vraiment. »

Je suis toujours aussi fâché, mais sa blague me tire un sourire.

« Chacun se dédie à la cause commune avec un altruisme magnifique. Nous sommes les Onze Mousquetaires…

— C'est ça, c'est ça… »

J'observe les quatre gars rentrer dans le vestiaire, la tête basse.

« Oui, continue Herbie d'un ton lyrique, c'est ça, le miracle du F.C. Sturbridge ! »

J'éclate de rire.

L'entraîneur nous attend dans les vestiaires.

« Qu'est-ce qui vous arrive ? demande-t-il en nous voyant rigoler. Vous venez de vous faire ratatiner et ça vous amuse ?

— Nous rions pour une autre raison, dis-je en reprenant ma contenance.

— Tu ne devrais par rire du tout. »

Il se tourne vers le reste de l'équipe et ferme la porte d'un coup de pied.

« Vous avez été pitoyables. Qu'est-ce que c'est que cette équipe? Vous êtes en train de bousiller ce championnat. Il y a deux clans ici, que je ne nommerai pas, et ces deux clans travaillent l'un contre l'autre. Si vous continuez comme ça, je prends les remplaçants! »

Il s'arrête pour inspirer un grand coup, les poings serrés, et tape un grand coup dans un casier, sans se faire mal, juste assez fort pour ponctuer son discours.

« Je me contrefiche de vos petites histoires. Quels que soient vos conflits dans la vie, je veux qu'ils disparaissent dès que vous enfilez vos maillots. Si vous n'en êtes pas capables, vous n'avez rien à faire dans cette équipe. Bones, Joey, Dusty et les autres, je vous préviens que, si vous me refaites une minute le coup de jouer comme ça, je vous colle sur le banc des remplaçants jusqu'à la fin de la saison! »

Il sort et nous restons tous assis en silence. Mitchell, le seul Terminale de l'équipe, est notre capitaine. Mais lui aussi, il regarde par terre. Joey, les bras croisés, fixe Herbie qui lui répond par un haussement de sourcils. Comme s'il attendait que ce soit lui qui prenne la parole.

« Connard », murmure Joey.

J'interviens :

« Ça ne sert à rien.

— Toi, je ne t'ai pas sonné.

— Je sais.

— Je cause à ta copine. »

C'est tellement idiot que je détourne les yeux. Dusty se lève, les poings sur les hanches.

« Fermez-la, tous autant que vous êtes ! »

Il se place au centre du groupe et pointe sur Rico et moi un doigt accusateur.

« Vous ne nous passez jamais la balle.

— Évidemment ! Vous ne savez qu'en faire.

— T'as raison ! Mettez-vous dans la tête que, si cette équipe gagne, c'est grâce à nous.

— Tu sais quoi ? Ça fait deux semaines qu'on n'a pas gagné.

— Et toi, tu sais quoi ? C'est parce que, depuis deux semaines, vous sabotez toutes les parties. »

Tout le monde se met à gueuler et à dire son mot. Au bout de quelques minutes, Len passe la tête par la porte et crie :

« Taisez-vous ! »

Un silence de mort s'abat instantanément sur la pièce.

D'une voix calme où tremble, cette fois, une vraie colère, il nous ordonne :

« Tous autant que vous êtes, filez à la douche, rhabillez-vous et fichez-moi le camp d'ici. Demain à l'entraînement, je vous préviens que vous allez souffrir. »

Il s'arrête un instant, pèse ses mots :

« Et je vous conseille de retrouver en vitesse l'esprit d'équipe. Sinon, il n'y en aura plus, d'"équipe". »

[illegible] phase spécifique

[illegible] aujourd'hui pas d'échauffe-ment [illegible], pas de dribble. L'on [illegible] et nous [illegible] un sprint jusqu'à la ligne des dix mètres et retour. Puis jusqu'à la ligne de milieu de terrain, demi-tour et retour à la ligne [illegible] mètres, puis jusqu'à la ligne des [illegible] mètres de l'autre côté, re-[illegible] de terrain, encore un sprint [illegible] la ligne de [illegible] de l'autre côté et re-[illegible] jusqu'au bout du terrain, à [illegible] départ.

14

Le pape méthodiste

À l'entraînement aujourd'hui, pas d'échauffement, pas de jonglage, pas de dribble. Len nous poste devant la ligne de buts et nous fait courir un sprint jusqu'à la ligne des dix-huit mètres et retour. Puis jusqu'à la ligne de milieu de terrain, demi-tour et retour à la ligne des dix-huit mètres, puis jusqu'à la ligne des dix-huit mètres de l'autre côté, retour au milieu de terrain, encore un sprint jusqu'à la ligne de buts de l'autre côté et retour, cette fois, jusqu'au bout du terrain, à notre point de départ.

« Vous avez trente secondes pour vous détendre, dit Len. Profitez-en. »

Nous sommes pliés en deux, les mains sur les genoux, haletants. Il siffle et nous recommençons exactement le même parcours, pendant qu'il nous hurle dessus pour nous empêcher de flancher.

Et ainsi, huit fois de suite. À la fin, Trunk et Hernandez vomissent.

« Herbie, dit Len, tu étais bon dernier.

— Je me ménage, rétorque Herbie dans une quinte de toux.

— Pardon?

— Je m'économise un peu.

— On va voir si tu t'économises. Sur la ligne! »

Tout le monde proteste.

« Nous aussi? demande Dusty.

— Non. Seulement Herbie, qui fait des "économies d'énergie". »

Herbie secoue la tête et soupire, mais il prend sa position de départ. L'entraîneur siffle et Herbie s'élance, un peu plus vite que tout à l'heure.

Nous voilà en retard au boulot, mais nous n'avons qu'à courir encore un peu pour rattraper ça. Au point où nous en sommes… Ça nous plairait presque.

C'est une soirée assez chargée. Nous restons vissés au lave-vaisselle. Comme il y a des crevettes au menu du jour, les assiettes sont couvertes de sauce cocktail.

J'ai le front humide de la vapeur de la machine. Le sol est glissant. Mais nous sommes plutôt de bonne humeur tous les deux.

Joey est en train d'empiler des assiettes sur un plateau. Il se tourne vers moi.

« Tu as vu Shannon, ces jours-ci?

— Non… Sauf samedi soir. Elle te cherchait.

— Hum.

— Mais oui! Elle a dit qu'elle t'attendait à une fête… »

Il dépose son plateau sur le tapis roulant et commence à en charger un deuxième.

« J'avais pas envie.

— Ah bon?

— Elle me prend la tête.

— Comment ça?

— Elle n'arrête pas de me parler d'autres mecs.

— Ah bon? Comme qui?

— Tout un tas de mecs. Même ton frère. Et ce connard de Herbie, ton pote.

— Qu'est-ce qu'elle dit ? »

Il lève la tête vers le plafond et se gratte le nez.

« Genre : qu'ils sont mignons, ou marrants.

— Bon, mais elle est avec toi, quand même.

— Des fois. Pas si souvent.

— Qu'est-ce que tu veux dire ?

— On se voit une fois par semaine. »

Ça, je ne le savais pas. Je ne rencontre plus Joey qu'au foot et au boulot.

« Alors tu n'es pas… »

Je m'arrête brusquement. Pas quoi ? Je bifurque sur une autre question :

« Où est-ce que tu vas tous les soirs ?

— Je me balade.

— Et pourquoi tu ne viens pas avec nous sur le banc ?

— Je n'aime pas trop les gens que tu fréquentes.

— Ah… »

Kenny m'appelle pour que je surveille les steaks qui sont en train de cuire.

« J'ai quelque chose à prendre dans la chambre froide. »

Tu parles ! S'il avait quelque chose à prendre, il m'aurait envoyé le chercher. En fait, il est parti boire une bière. Avec une fourchette, je retourne les steaks et je les écoute grésiller sur le feu jusqu'à son retour.

« Tu as trouvé ce que tu cherchais? »

Il me répond par un grognement.

« Elle était bien fraîche? »

Il me jette un regard noir. Ça va, je voulais juste plaisanter. Tant pis pour lui s'il n'a pas le sens de l'humour.

Je retourne vers le lave-vaisselle, et Joey continue à parler :

« Je devrais me faire prêtre, finalement. »

Jusqu'à la Sixième, il voulait rentrer dans les ordres. Et puis il a commencé à se rendre compte de ce que ça signifiait. Je sais qu'il n'est pas sérieux, mais je lui emboîte le pas.

« Tu sais, il faut quand même un niveau d'intelligence minimale pour être prêtre.

— Ouais, mais ça peut s'arranger. Le père James m'a à la bonne.

— Peut-être qu'il pourrait te pistonner. Mais à mon avis, tu ne parviendras jamais à devenir évêque ou pape.

— En effet, je ne crois pas, dit-il d'un ton faussement attristé.

— Pourtant ça doit être chouette de porter ce grand chapeau pointu... Moi, j'aimerais bien être pape.

— Tu n'es même pas catholique, Bones.

— C'est vrai. Je pourrais devenir le premier pape méthodiste ?

— Bonne idée. »

Il sourit et plonge les mains dans la bassine de liquide bleu pour en sortir les couverts.

Je reste planté quelques minutes à le regarder. Il est sympa, quand même.

Puis je retourne vers le fond de la cuisine, et l'évier plein de casseroles sales.

15

La boîte à tiroirs

Vendredi à l'heure du dîner, ma mère nous annonce que nous partons faire la tournée des universités le week-end prochain.

Je bondis.

« Moi, j'ai un match samedi !

— Tu ne peux pas le manquer, pour une fois ?

— Pas question. »

Mon père se racle la gorge :

« Il a lieu le matin, ton match ?

— Non. À treize heures. »

Il se tourne vers ma mère.

« Je crois que ça ne vaudrait pas la peine d'y aller si c'est pour partir après.

— Laissez-le à la maison, intervient Tommy. Je ne vois pas où est le problème.

— Le problème? répète ma mère. Le problème, c'est que Barry n'est jamais resté tout seul ici!

— Il y a un début à tout, maman. Je ne peux pas rater ce match, ni aucun autre. Nous sommes en position de gagner le championnat, et...

— On verra », soupire-t-elle.

Pendant une bonne minute, personne ne dit rien. C'est moi qui romps le silence :

« Vous partez où?

— Dans l'État de New York pour visiter les universités de Colgate, Binghamton et Syracuse. Ce serait bien que tu les visites aussi, d'ailleurs.

— Laisse-le tranquille, maman! insiste Tommy. Il ne peut pas manquer son match.

— Toi, tu vas bien manquer une rencontre de cross country!

— Ça n'a rien à voir. Ce n'est pas mon sport principal. S'il y avait un match de boxe, je ne voudrais le manquer pour rien au monde! Le foot, c'est son sport.

— Nous ferions peut-être mieux d'attendre la fin de la saison, alors.

— Non, parce que, juste après la saison de foot, c'est celle de la boxe qui commence. Il faut y aller tout de suite. »

Ma mère serre les lèvres et se tourne vers mon père.

« Qu'est-ce que tu en penses ? »

Il se cale contre le dossier de sa chaise et incline la tête à droite et à gauche, comme pour peser son cerveau.

« Je crois qu'on peut le laisser tout seul, dit-il finalement.

— Bon, murmure ma mère. On avisera. »

Après le dîner, affalé sur mon lit, je fixe le plafond. Nous avons gagné une partie hier mais ce n'était pas si bien que ça. Une victoire 4-2 contre le club de Mount Ridge, qui est notoirement nul. Et nous jouons toujours aussi mal. La violence et la ruse ne remplacent pas le travail d'équipe.

J'entends mon père qui trie sa monnaie dans la chambre d'à côté. Ce n'est pas qu'il fasse collection de pièces, mais il les range dans cette boîte en fer, qui a deux petits tiroirs pour la ferraille et deux autres pour les pièces blanches. Il aime que tout soit en ordre.

Ma mère passe la tête par la porte.

« Bon, dit-elle, je pense que tu peux rester seul à la maison ce week-end, mais pas d'histoires, hein ? À notre retour dimanche après-midi, je veux trouver les lieux impeccables.

— Bien sûr. Merci, maman.

— Bon, répète-t-elle, tu connais les règles. »

Mon père arrive derrière elle et m'adresse un clin d'œil.

« Salut, le sportif ! »

Puis, se tournant vers ma mère :

« On y va ? Tu es prête ? »

Ils vont faire des courses au centre commercial de Scranton.

« Pas encore, chéri. J'attends que la machine à laver ait fini de tourner pour pouvoir mettre les affaires dans le séchoir.

— Bon, alors je vais aux cabinets, dit-il en agitant un numéro du *Reader's Digest*. Préviens-moi quand tu seras prête. »

Il s'éloigne dans le couloir en sifflotant. Maman descend à la cave pour vider la machine. Tommy est enfermé dans sa chambre avec de la musique (pas trop fort) et il s'apprête à sortir. Moi, je me passe un peigne dans les cheveux et je prends mon portefeuille sur la commode.

Quand j'arrive dans la rue principale, il n'y a que Herbie et Rico sur le banc. Herbie me dit qu'Hernandez est allé mettre quelques paniers à la maison de repos.

« On pourrait y aller aussi. »

Herbie n'est pas très enthousiaste, mais il finit par se lever. Nous traversons la rue.

« Si j'avais su qu'on s'agiterait comme ça, j'aurais mis un T-shirt », remarque-t-il.

En approchant, je vois Hernandez réussir trois paniers de suite. Il porte une casquette bleu foncé et un bermuda, alors qu'il fait à peine 10 °C.

Rico tend les mains pour qu'il lui passe la balle. Hernandez la lui lance, et il tente de marquer de loin, mais elle rebondit sur le tableau de métal sans même toucher les bords du panier.

« Ça vous dit un petit match, deux contre deux? demande Hernandez.

— O.K., répond Herbie, mais il faut que je tente quelques paniers pour m'échauffer. »

Il prend la balle et commence à dribbler.

D'un saut, il la place sur le rebord du panier, mais elle tourne autour et ressort.

« Les Portoricains contre les Blancs ! annonce-t-il.

— Je suis cubain, corrige Rico.

— Pas grave. Bones et moi contre vous deux. »

Personne parmi nous n'est champion de basket, mais Hernandez est grand et dégourdi. Ils nous battent 10 à 7.

Depuis le milieu de la partie, je me suis rendu compte que Shannon et Eileen s'étaient arrêtées à la clôture du terrain pour nous regarder, mais j'ai fait comme si de rien n'était.

Dès la fin du jeu, je m'avance vers elles et je pose les bras sur la barrière.

« Salut.

— Salut.

— Qu'est-ce que vous faites ?

— On se promène », déclare Shannon.

Herbie arrive vers nous. Rico et Hernandez ont repris le ballon et jouent l'un contre l'autre.

« Mesdames, dit Herbie.

— Herbie, répondent-elles.

— Jolie partie, dit Shannon.

— Je peux mieux faire.

— Vous avez vu Joey ? »

Herbie me jette un coup d'œil et lance :

« Moi pas. »

Puis il se racle la gorge et crache par terre, sur le côté.

« Pourquoi le cherches-tu quand il y a des hommes comme nous ? reprend-il en souriant.

— Il est intéressant. Et toi, tu es en sueur. »

Pendant tout ce temps, Eileen reste plantée là à écouter. Moi aussi. Je la dévisage. Ça fait deux semaines qu'on est sortis ensemble, et je n'ai jamais donné suite. Elle est sympa, mais elle ne me plaît pas. Ce n'est pas avec elle que je calmerai les angoisses de ma mère.

De nouveau mes yeux se posent sur Shannon. Elle louche un peu, comme pour me questionner. Pourquoi est-ce que je ne continue pas avec Eileen, par exemple ?

Et puis je m'entends dire quelque chose qui me surprend moi-même :

« Il y a une fête chez moi samedi soir.

— Génial, dit Shannon.

— Mon pote ! s'exclame Herbie.

— N'en parlez à personne. Ce sera très intime : rien que nous et quelques autres amis.

— Joey ? demande Shannon.

— Évidemment.

— Super. On viendra. »

Le dimanche, nous volons les steaks. Impossible d'en faucher plus de sept. Ça limitera la liste des invités. Comme ça se passe chez moi, c'est moi qui choisis. Mes copains du milieu de terrain : Hernandez et Rico. Plus : Herbie, Joey, Shannon, Eileen et moi. Ce n'est pas que j'aie vraiment envie de voir Eileen, mais je n'ai pas trop le choix : elle était là quand j'ai lancé le projet.

J'ai demandé à Joey de n'en parler à personne, sinon la maison se retrouvera pleine d'inconnus. Pas question que je laisse ce genre de choses se produire. Nous décidons d'intituler notre petite sauterie *Octoberfest*.

Nous prenons encore quelques denrées utiles, et je tape cette invitation sur l'ordinateur familial :

OCTOBERFEST
*
B. David Austin vous convie cordialement
à une soirée « gastronomie et amitié ».
Samedi 22 octobre
à 18h30
117, 16e Rue — Sturbridge
*
Apéritif :
Cocktails
Olives, céleri, crackers au fromage
Ailes de poulet grillées
*
Dîner :
Pièce d'aloyau grillé aux champignons
Petits pois
Gâteau roulé
La nourriture est gracieusement fournie
par L'Auberge de Sturbridge.
Prière de répondre avant le 19 octobre,
et surtout n'en parlez à personne !

Joey voudrait que j'inscrive son nom sur les cartons d'invitation, mais puisque c'est chez moi, c'est moi qui prends le risque tout seul. Pas question. Nous imprimons sept exemplaires de cette invitation.

Quelque chose là-dedans me met mal à l'aise. Je ne sais pas pourquoi.

Nous avons caché les steaks dans une glacière, dans le garage de Joey. Il a promis de changer la glace tous les jours, et je lui fais confiance pour ça, au moins.

Sturbridge vu par un de ses habitants (IV)

À l'heure du dîner, il n'y a pas grand monde dans la salle de musculation du gymnase municipal. Les sportifs qui viennent là après l'école ou le boulot ont déjà terminé, et les gens du soir ne sont pas encore arrivés. On voit quelques adultes ventrus sur les rameurs et un ou deux jeunes qui halètent sous des haltères de vingt kilos.

La salle de musculation est au rez-de-chaussée, c'est une grande pièce sans fenêtre, mais tapissée de miroirs. Il y a une machine Universelle, deux rameurs, quelques escaliers et des vélos d'appartement, plus quelques tonnes d'haltères. Ça sent la sueur, le talc et la moquette humide.

Trois fois par semaine, vous y trouverez mon frère Tom en train d'effectuer ses exercices : pompes, abdos, flexions…

Parfois je l'accompagne, et j'en fais à peu près un tiers de ce dont il est capable. Je ne sais pas me concentrer : je lis les conseils sur le tableau d'affichage, ou j'observe du coin de l'œil les femmes qui sont bien roulées.

Mais l'heure du dîner est un bon créneau. C'est le moment où vous pourrez voir un champion à l'œuvre.

16

La poussière et la sueur

J'ai les jambes qui brûlent et la poitrine qui bat à force de courir dans tous les sens sur ce terrain. Le temps passe et nous sommes à égalité, un but partout.

Il faut absolument gagner. Joey est dans le coin gauche, marqué par deux gars en même temps, et il essaie désespérément de s'en sortir. Je m'avance vers les buts : j'ai déjà vu Joey se tirer de situations comme celle-ci des milliers de fois.

Et soudain le voilà qui effectue un déplacement, plusieurs même : il se tourne vers la ligne en touchant la balle avec son talon, pivotant autour d'un adversaire puis tentant de forcer le passage contre le second. Mais celui-ci parvient à le contrer. Joey se jette en arrière et cueille le ballon au moment où il retombe. Il réussit un petit lob dans ma direction. J'essaie de le récupérer de la tête, mais mon mouvement échoue et le ballon sort.

Le goal de Weston South remet en jeu, au pied. Je m'avance vers Joey.

« Jolie passe. »

Ce sont ces finesses de jeu qui le distinguent comme un footballeur à part dans notre équipe. C'est pour ça qu'il est si bon.

Il hoche la tête sans me regarder : il recule lentement, les yeux fixés sur la balle. Le goal tire et un de leurs demis la rattrape.

Ils traversent la ligne de milieu de terrain en deux ou trois passes bien ajustées. Nos gars sont fatigués : personne ne cherche à reprendre le ballon. Weston South a pénétré dans notre camp, et un avant se dirige droit vers les buts en terrain dégagé. Hernandez se jette sur lui et le pousse vers la ligne de buts. L'autre arrête le ballon et l'envoie de l'autre côté, à leur buteur. Mais

Joey est là, et d'un coup de pied il dégage en corner.

L'arbitre siffle. Corner. Nous nous plaçons dans la surface de réparation.

« Allez, les gars ! » crie Joey.

Depuis quelques minutes, c'est lui qui a pris le jeu en main. Il est partout, sur toutes les passes, d'un bout à l'autre du terrain.

Le corner, haut et fluide, tombe au point de penalty. Nous sautons, mais le buteur de Weston South est plus grand que nous. D'une tête, il expédie le ballon dans nos buts.

« Merde ! » hurle Joey au risque de se faire éjecter.

Herbie donne une grande tape sur son poteau et lève les yeux au ciel.

« Alignez-vous ! » rugit Joey en courant vers le cercle de remise en jeu.

Nous aurons peut-être encore le temps de tenter une attaque, au moins pour égaliser. Joey récupère le ballon et le glisse à Dusty, qui tire beaucoup trop fort : un défenseur le reprend facilement. Joey se jette à la poursuite de celui-ci, mais l'arbitre siffle avant qu'il ne le touche.

Nos adversaires sautent dans les bras les

uns des autres et courent sur la pelouse avec les poings en l'air. Moi, je reste planté là à les observer, puis je tombe subitement à genoux, épuisé. Joey est à trois mètres de moi, les poings sur les hanches, et il regarde fixement devant lui. Nous demeurons immobiles pendant que tout le monde quitte le terrain.

Joey se tourne vers moi, l'air égaré, comme s'il ne pouvait pas croire que nous avons encore perdu.

« Bande de connards paresseux, murmure-t-il entre ses dents.

— Qui?

— Tout le monde. Tout le monde sauf nous. On avait une chance de remporter le championnat cette année, mais tout le monde s'en fout. On perd contre des équipes qu'on devrait massacrer. »

Nous restons un moment à nous regarder. Chacun veut gagner, mais il est vrai que certains d'entre nous sont prêts à sacrifier beaucoup plus d'eux-mêmes pour y parvenir. Il y a toujours un fossé entre notre détermination et celle des autres. Même dans les plus petits championnats, Joey et moi, on donne toujours tout ce qu'on a.

« Allez, dit-il, on rentre. »

Je ne réponds rien. Je me mets en route.

En arrivant dans le vestiaire, nous trouvons tous les gars assis sur le banc et Len qui les exhorte à garder la tête haute. Nous restons debout dans l'encadrement de la porte.

« Vous avez mieux joué aujourd'hui, dit Len. C'était plus agressif…

— N'importe quoi, l'interrompt Joey.

— Pardon ?

— J'ai dit : n'importe quoi. On s'est traînés comme des limaces. À la fin du match, quand c'était le moment d'égaliser, tout le monde est demeuré vautré à l'arrière. Qu'est-ce que que ces conneries ? J'en ai assez de jouer avec des veaux qui ne sont pas fichus de mettre le turbo au bon moment. »

L'entraîneur écarte les mains, les paumes vers le ciel, comme pour céder la parole à Joey. Et Joey ne se prive pas de l'ouvrir.

« Il y en a parmi vous qui s'en fichent de gagner, dit-il en fixant Herbie. Qui traînent. Qui fument. Qui boivent…

— C'est toi qui bois ! s'insurge Rico.

— Pratiquement jamais, coupe Joey. Vous

refusez de passer la balle parce que vous êtes jaloux. Vous m'incendiez derrière mon dos… »

J'interviens :

« Arrête, Joey. N'en fais pas une affaire personnelle.

— Je vais me gêner ! Si tout le monde dans cette équipe voulait la victoire comme je la veux, personne ne nous battrait jamais. »

Je hoche la tête. Il sait très bien que ce n'est pas vrai pour moi.

Joey s'assoit sur le banc et se met à délacer ses chaussures. Chacun se tait, regarde par terre ou au mur. Joey a les larmes aux yeux, mais personne d'autre que moi ne s'en aperçoit.

Peut-être qu'il veut la victoire plus que moi. Peut-être qu'il est encore plus intransigeant que je ne l'imagine, et que c'est pour ça qu'il marque les buts, qu'il court le plus vite et qu'il sort avec Shannon. Peut-être qu'il faut que je regarde les choses en face.

Le silence est brusquement rompu par un bruit sourd : Joey a jeté ses chaussures de foot dans son casier. Il se déshabille et marche vers les douches, pendant que, nous tous, nous restons assis sur les bancs, encore vêtus.

L'entraîneur quitte la pièce.

Nous ne bougeons pas, la bouche ouverte, les yeux rivés qui sur le sol, qui sur le plafond, qui sur les casiers. La salle sent la poussière et la sueur. Et tout ce qu'on entend, c'est le martèlement de l'eau sur le carrelage dans la douche, à côté.

17

Un nouveau départ

Samedi, en allant au lycée, je m'arrête chez Joey. Nous jouons contre Laurelton sur notre propre terrain. Sur les quatre derniers matches, nous totalisons une victoire, deux défaites et un nul – ce qui nous donne pour l'ensemble du championnat : cinq victoires, trois défaites et deux nuls. Nous sommes tombés à la troisième place, mais Greenfield en a aussi perdu un – ce qui nous laisse l'espoir de rentrer dans la course. C'est East Pocono qui est premier.

Le mois dernier, contre Laurelton, nous

avons fait match nul. Ce sont des durs. Ils ont donné du fil à retordre à Greenfield la semaine dernière. Et si nous continuons à jouer aussi mal, ce match nous sera fatal.

Le père de Joey m'invite à entrer. Il est bâti comme son fils, mais avec le visage un peu gras. Il dit que Joey n'est pas encore prêt.

« Mon gars a travaillé jusqu'à minuit hier.

— Où ça ? Au restaurant ?

— Oui. Quelqu'un était malade et il l'a remplacé. Il dit que c'était plein comme un œuf.

— Un vendredi soir, ça ne m'étonne pas. »

Je jette un coup d'œil dans le salon, où s'entassent les trophées et les médailles. La plupart ont été remportés par Joey. Mais il y a aussi des distinctions comme : « Entraîneur de l'année, club des poussins de Sturbridge ». Ou : « Triathlon seniors, cinquième place ». Ou encore : « Championnat de kayak, club nautique de Pocono ».

« Sacré match que vous allez disputer aujourd'hui, dit-il. Il faut gagner.

— C'est clair.

— Suffit de passer la balle à mon gars,

conseille-t-il en me faisant un petit clin d'œil. Hein ! passe la balle à mon gars ! »

L'équipe s'entraîne en silence. Je nous sens plus concentrés. Nous avons beaucoup à nous prouver. Je n'ai parlé avec personne depuis la tirade de Joey l'autre jour, mais je sais que tout le monde y pense.

Il nous reste quatre parties à disputer : Laurelton aujourd'hui, Midvale mercredi, puis East Pocono et Greenfield la semaine prochaine. Si nous perdons une seule fois, nous sommes fichus. Même un match nul peut nous mettre sur la touche.

Joey est en train de s'échauffer avec un ballon. Il fait des étirements et jongle un peu. Il n'a presque pas dit un mot sur le chemin. Deux ou trois fois, j'ai tenté de faire la conversation, mais il me répondait par des monosyllabes ou des haussements d'épaules. Les autres s'exercent aux tirs au but contre Herbie.

Il fait soleil, avec une brise fraîche. Nous avons sans doute le public le plus nombreux de toute l'histoire du football sturbridgeois : deux cents personnes environ. Les parents de Joey sont là, Shannon et Eileen, et même les parents de Herbie.

L'entraîneur nous appelle.

« C'est un nouveau départ. À vous de jouer, les gars : si vous oubliez tout et que vous repartez à zéro, tous les espoirs sont permis. Sinon, c'est la fin. À vous de voir. »

Tout le monde se tait.

« Quelqu'un veut dire quelque chose? Joey? »

Joey secoue la tête.

« Dusty?

— Allez Sturbridge!

— Quelqu'un d'autre? »

Silence.

« Allons-y, alors », conclut-il.

Nous avançons sur le terrain.

Joey marque à la troisième minute, sur une passe de Trunk. Il réussit à percer un mur de défenseurs et balance le ballon en plein dans le filet. Les spectateurs ravis poussent des cris de victoire, mais sur le terrain nous restons sobres.

Une demi-heure plus tard, il marque à nouveau sur un corner d'Hernandez : un sprint jusqu'à la ligne de buts, il s'arrête net et pivote pour désorienter un défenseur qui court sur lui. Un tir puissant, à six mètres de la cage.

Juste après la mi-temps, il nous en met un troisième : il intercepte une passe en milieu de terrain, file droit sur les buts adverses, et d'une talonnade, expédie le ballon entre les jambes d'un adversaire qui s'apprêtait à le bloquer. Il s'est dirigé vers le coin droit et s'est débrouillé pour projeter le ballon en pleine lucarne.

Une joie délirante s'empare de la foule. Joey conserve une expression sévère, il ne regarde personne.

Au dernier quart du jeu, l'entraîneur fait entrer quelques remplaçants et nous place en attaque, Rico et moi, avec Joey et Trunk. C'est la première fois que je joue avant cette saison.

Un peu plus tard, Joey accomplit encore une très belle action : le ballon s'envole vers le coin supérieur droit des buts adverses, mais le gardien saute et d'un coup de main le dévie sur la barre transversale.

Nous nous mettons en place pour le corner. C'est Trunk qui le tire. Il dépose la balle juste devant les buts et tout le monde bondit pour faire une tête. Un gars de Laurelton l'intercepte, mais il ne l'envoie pas très loin. Je prends le contrôle du ballon, un pas vers la cage, et je le glisse à Rico sur ma gauche. Il le frappe vers l'avant, mais avec une petite feinte vers la droite. Ça marche : le gardien plonge à droite et le ballon fuse dans ses filets.

Rico lance les poings en l'air. Je cours vers lui et l'attrape par la taille pour le soulever du sol. Nous courons vers le milieu de terrain, Hernandez se précipite vers nous. C'est le premier but de Rico pour notre équipe.

Nous sommes en plein dans le mouvement maintenant et nous jouons comme des champions. À la fin de la partie, Herbie enlève sa chemise et l'agite en l'air au-dessus de sa tête. Nous poussons des cris, nous sautons dans tous les sens. Rico va de l'un à l'autre pour leur frapper dans les mains.

Seul Joey ne participe pas à la liesse générale. Il est déjà parti.

Rico est toujours sur son petit nuage, tout plein de son premier but. Assis sur son banc, encore habillé, il revit le moment fatidique. En face de lui, Herbie boit un Coca, le dos appuyé contre les casiers.

« C'est fou, constate Rico, je lui ai fait une petite feinte de rien du tout et ça a marché !

Il m'a laissé toute la moitié gauche de sa cage grande ouverte.

— Il s'est fait blouser, dit Herbie.

— C'est pour ça que tu es un bon gardien, toi : tu ne te laisses jamais avoir par les feintes. »

Je regarde Joey, debout devant la porte, qui a déjà remis ses vêtements de ville. S'il continue à se comporter comme un con, je le laisse tomber. Il nous fixe froidement.

« Ne vous emballez pas, dit-il.

— La ferme, réplique Rico.

— Nous avons gagné un match et un seul. La route est encore longue avant que nous ayons une bonne raison de faire la fête.

— Hé ! Ho ! lâche-nous, Joey ! s'exclame Herbie. Tu as déjà dit tout ce que tu avais à dire. Personne ici n'est aussi acharné que toi, et personne n'a l'étoffe d'un champion, sauf toi. C'est bon, on a compris.

— C'est la vérité, insiste Joey.

— Va t'amuser un peu.

— Je m'amuse.

— Ah ouais ?

— Et même plus que toi.

— Vraiment ? »

Joey secoue la tête et traite Herbie de déchet.

Herbie se met au garde-à-vous, et réplique :

« Oui, mon adjudant. »

Joey lui rend son salut, avec le majeur pointé. Puis il pousse la porte et sort.

Herbie se tourne vers Rico.

« Qu'est-ce qu'il nous emmerde, lui ! »

Et ils se mettent à rire.

Je ris aussi, mais moins fort.

18

Notre *Octoberfest*

Mes invités, comme il se doit, arrivent un peu en retard, mais à 18 h 50, tout le monde est là. J'ai allumé le barbecue dans le patio, et nous sommes assis à la table de la cuisine, devant un bol d'olives et une assiette d'ailes de poulet. Nous buvons du jus de citron relevé d'un trait de vodka.

Joey passe son temps à répéter qu'il est fatigué et à nous rappeler qu'il a travaillé hier soir et marqué trois buts cet après-midi. En plus, il faut qu'il soit rentré avant minuit, car ses parents n'ont pas apprécié qu'il ait une mauvaise note à son dernier devoir de maths.

Je me lève et je sors les steaks du frigo. Je les ai fait mariner dans de la sauce de soja et du persil.

« Vous les voulez cuits comment ? »

Tout le monde dit « à point », à part Herbie qui préfère le sien très très cuit.

« Tu ferais mieux de manger de la semelle de chaussure, ricane Joey.

— Et toi, de t'occuper de tes fesses. »

Joey le regarde avec haine. Shannon lui prend la main.

« Qu'est-ce que ça peut te faire s'il aime son steak très cuit ?

— Je m'en fous, mais c'est débile de carboniser un beau morceau de viande comme ça. »

Shannon éclate de rire. Elle tend le poing devant la figure de Herbie.

« Si tu bousilles ce steak, Joey va te casser la gueule ! Et je serai là pour l'aider !

— Arrête, arrête, je tremble ! »

Elle se lève et lui fait une clé du bras autour du cou avant de lui coller doucement le poing contre la joue.

« Monstre ! dit-elle. On va te faire arrêter pour crémation de steak. »

Herbie fait semblant d'être au bord de l'agonie. Joey repousse la table d'un geste brusque, se dresse et part dans le salon où il allume la télé à fond. C'est un match de football américain qui passe. Il reste vissé devant jusqu'à ce que je lui annonce que son steak est prêt.

Quand je reviens avec la viande, tout le monde a pris sa place à table, et la seule qui reste, c'est à côté d'Eileen. Shannon s'est mise entre Rico et Herbie.

Les filles ne veulent qu'un demi-steak chacune. Hernandez récupère la moitié de Shannon, et Herbie celle d'Eileen. Il le pique avec sa fourchette et se lève pour le remettre sur le feu.

« Voilà l'incinérateur qui recommence, grommelle Joey.

— Mais qu'est-ce que ça peut bien te faire ? demande Herbie avec un sourire.

— Assieds-toi et mange ton steak comme tout le monde !

— Bien sûr, papa ! »

Mais Herbie se dirige vers le patio.

Shannon se lève pour aller se laver les dents. Joey retourne dans le salon regarder la télé.

À part ça, les choses se passent très bien jusqu'à vingt et une heures environ, heure à laquelle on sonne à la porte. J'ouvre : c'est Tony Terranova, avec quatre amis et deux packs de bière.

« Bones, mon pote !

— Tony ?

— On est venus vous tenir compagnie.

— Vraiment ? »

Je crains les ennuis, mais Tony est un brave gars. Et puis il apporte des arguments convaincants : la bière, et surtout les amis, dont deux amies.

« Alors, entrez. »

Ils s'installent à la table de la cuisine et mettent les bières au frigo. Je m'assois avec eux et on parle de tout un tas de trucs, des concerts qu'on a vus à Scranton…

Les deux filles sont mignonnes. Elles s'appellent Dana et Staci. Toutes les deux en Première. Dana a de longs cheveux bruns et Staci est noire, avec une petite queue de cheval et un minuscule anneau d'or dans l'oreille. Les gars sont tous des boxeurs.

Au bout d'un moment, Eileen entre dans la cuisine et me demande s'il reste de la limonade. Aucune idée, je me lève pour voir.

Il n'en reste plus qu'un demi-verre, que je lui verse.

« Merci, Bones. Tu sais, on s'amuse bien là-bas.

— Moi, je m'amuse bien *ici*.

— Tout le monde danse.

— Moi, j'aime pas danser.

— Ah bon. »

Elle contemple son verre, boit une gorgée. Puis, avec un haussement d'épaules, elle retourne au salon.

Staci regarde Dana, et elles hochent la tête en chœur.

« Oh, Bones, comme c'est vilain de briser le cœur des filles ! Pourquoi tu ne vas pas lui faire un petit câlin ?

— Non merci.

— Elle n'est pas si mal, dit Dana.

— Pas mon genre.

— Va danser avec elle, dit Staci.

— Pas envie. »

Staci claque sa langue :

« Comme tu es dur !

— Elle ne m'intéresse pas.

— T'es pas marrant ! »

Je la fixe droit dans les yeux et je souris.

« Ça dépend avec qui. »

Elle sourit aussi, mais elle secoue la tête lentement.

« Moi, je vais aller danser. Tu viens, Dana ? »

Vers vingt-deux heures, Tony et ses deux boxeurs sont passablement soûls. Ils commencent à faire trop de bruit. Le téléphone sonne et je crie :

« Taisez-vous, tout le monde ! Éteignez la musique ! »

Je décroche. C'est ma mère.

« Tout va bien, Barry ?

— Oui.

— Qu'est-ce que tu fais ?

— Rien. Il y a Joey qui est là. C'est pas un problème ?

— Non, bien sûr. Comment s'est déroulé ton match ?

— Bien. On les a battus. La forme revient.

— C'est formidable.

— Euh... maman ! est-ce que Tommy est là ?

— Oui. Je te le passe. »

J'entends qu'elle l'appelle. Quelques secondes plus tard, il prend le combiné.

« Ça va, mon vieux ?

— J'ai un petit souci.

— Ah oui?

— Terranova est là, avec des amis à toi.

— Et alors?

— Je voudrais m'en débarrasser.

— Ah...

— Je sais que tu ne peux pas parler...

— Oui, oui.

— J'ai invité quelques amis à moi. On est sept en tout. Ils ont dû entendre dire qu'il y avait une soirée.

— Bon, bon, d'accord. Alors on ira pêcher ensemble le week-end prochain, si tu veux.

— Quoi?

— On peut en rediscuter plus tard. »

Il insiste sur « plus tard ».

Cinq minutes après, le téléphone sonne de nouveau. De nouveau, je crie :

« Taisez-vous! Arrêtez la musique! »

Je décroche.

« Allô?

— C'est moi, Tommy.

— Ah!

— J'ai fait le numéro de ma chambre. Qu'est-ce qui t'arrive?

— Rien de grave. Simplement, il y a un peu trop de monde à la maison.

— Passe-moi Tony. Je vais lui parler. »

J'appelle Tony et je lui tends le combiné.

« C'est mon frère.

— Salut ! dit Tony. Ouais... Non... Non... On n'est pas... Dana... Ouais, elle aussi... Ouais... O.K., d'accord. »

Il me rend le téléphone.

« Alors ?

— Ils auront délogé à onze heures, dit Tommy.

— Super.

— Et ils remporteront les canettes de bière.

— Bien.

— Maintenant, écoute-moi bien. Demain matin, ou ce soir si tu peux, après le départ de tes potes, regarde sous tous les meubles pour vérifier s'il ne reste pas un verre ou une canette vide. Inspecte aussi les poubelles dans les deux salles de bains. Demain, va voir dans la cour. Je me rappelle qu'une fois les parents m'ont chopé à cause d'une bouteille de whisky vide qui traînait sous le sofa.

— Quand ça ?

— L'année dernière. Vous étiez partis chez tante Beth pour le baptême de Katie, et moi j'avais soi-disant des devoirs à faire.

— Ah oui, je me souviens.

— Shannon est là ?

— Oui.

— Ha ha ! »

Je l'entends presque sourire. J'ajoute :

« Joey aussi.

— Dommage. Allez, vieux, à demain.

— À demain, mon frère. Salut et merci. »

Je reste un moment dans la cuisine, en évitant le salon à cause d'Eileen. Je finis quand même par y pointer mon nez, et je m'aperçois que Joey s'est endormi dans son fauteuil. Je saisis le regard de Herbie et il me sourit en hochant lentement la tête. Il me suit dans la cuisine. Rico nous accompagne.

« Il faut qu'il soit rentré à minuit, hein? demande Herbie.

— C'est ça.

— Si on l'aidait à ne pas être en retard? »

Il prend la pendule qui trône sur l'évier, et avance les aiguilles d'une heure et demie pour qu'elles marquent minuit dix.

« Où est-ce qu'il y en a d'autres?

— Une sur la cheminée du salon. »

Il sort changer l'heure de la pendule (c'est un radio-réveil).

« Est-ce qu'il porte une montre? » interroge Rico.

Nous vérifions : il n'en a pas.

Tous les autres sont en train de boire et de danser, ils ne s'aperçoivent pas de notre manège. Seule Shannon s'avance et nous demande ce que nous fabriquons.

« Rien, dis-je. Une petite blague.

— Pauvre Joey, soupire-t-elle avec un sourire affecté.

— Tu veux le réveiller?

— Non. Je n'ai pas envie de jouer un rôle dans votre "petite blague".

— Je vais le réveiller, moi », affirme Herbie.

Il pousse le volume du CD au maximum, juste une seconde, et le baisse aussitôt. Joey ouvre les yeux. Nous faisons comme si de rien n'était.

Il se frotte les paupières et se dirige vers la salle de bains. Mais soudain son regard croise le radio-réveil, qui indique 0 h 22.

« Merde! Je suis en retard! »

Il cherche sa veste, la trouve sous une pile de manteaux.

« J'y vais », annonce-t-il en s'en allant à toutes jambes.

En entendant la porte claquer, Herbie pousse un cri de victoire et frappe dans les mains de Rico. Shannon secoue la tête d'un air réprobateur, mais elle ne peut pas s'empêcher de rire.

« Qu'est-ce qui se passe? demande Eileen.

— La Belle au bois dormant s'est transformée en citrouille! » répond Herbie qui s'emmêle un peu dans ses références littéraires.

Eileen regarde le réveil, puis sa montre, et comprend subitement.

« Vous êtes durs... »

Mais elle rit aussi. La blague n'est pas méchante.

Terranova me tape sur l'épaule.

« Nous, on y va. »

Il a un pack de canettes plein sous un bras, et un autre où il n'en reste plus que quatre.

« Merci, Bones. »

Ils partent tous les cinq.

Nous restons tous les six. Je remets la pendule à l'heure : 23h03. Hernandez danse avec Shannon, mais ça ne veut rien dire. Rico, lui, se met à danser avec Eileen. Herbie et moi, on les regarde quelques instants, puis on décide d'aller finir les ailes de poulet à la cuisine.

Au bout d'un moment, Shannon vient s'asseoir avec nous à la table. Elle porte une chemise en jean, avec les deux boutons du haut ouverts.

« Herbie, tu peux ramener Eileen? Il faut que je parle avec Bones. »

Il s'agit sûrement de Joey.

« Bien sûr, dit Herbie. Tout de suite?

— Dans un petit moment. Quand tu veux. »

Elle retourne dans le salon. Je les entends qui rigolent, là-bas.

Herbie se cure les dents avec un ongle.

« Bon courage.

— Pourquoi?

— Je ne sais pas, mais elle a quelque chose derrière la tête. »

Après leur départ, je me mets à faire la vaisselle. Shannon prend un torchon et essuie les assiettes. Nous n'arrêtons pas de nous cogner les bras.

« Elle était super, ta fête.

— Ouais... Ça c'est bien passé.

— Qu'est-ce qu'ils me font rire, tes copains!

— C'est vrai qu'ils sont marrants.

— Et toi, tu ne danses pas?

— Pas souvent. Presque jamais. »

Elle pose une main sur mon épaule et me regarde droit dans les yeux.

« Joey est resté toute la soirée vissé à son fauteuil.

— Il était fatigué.

— Il était chiant, oui !

— Il faut le comprendre. Il est sous pression.

— Qui fait pression sur lui ?

— Sa famille, lui-même, et nous...

— Bon, bon, d'accord, mais quand même... »

Elle soupire.

« À un moment, quand je dansais avec Herbie, il nous regardait fixement, et je te jure qu'il avait l'air de vouloir nous tuer.

— Il s'inquiète à cause de toi.

— C'est ridicule. Herbie me fait rire, rien de plus. Ce n'est pas grave.

— Pour Joey, ça l'est. »

Sa main glisse le long de mon bras, et elle saisit mon poignet.

« C'était super, la façon dont tu t'es débarrassé de lui. Je me suis vraiment amusée après son départ. »

Elle remonte la main et me passe le bras autour des épaules.

« Toi, poursuit-elle, tu n'as pas eu l'air trop triste de voir partir Eileen... »

Je me mords la lèvre et je mets un peu trop d'énergie à frotter le plat que je lave.

« Écoute... Elle est très sympa, Eileen, mais elle n'est pas... Ce n'est pas une fille pour moi. »

Shannon tourne la tête vers l'évier et s'appuie contre le plan de travail.

« Je comprends », souffle-t-elle en s'approchant de moi.

Son genou effleure ma jambe. Elle est de plus en plus près. Elle murmure :

« Tu sais, je ne sens pas le vomi... »

Oh non, alors. Elle sent la menthe et le citron. Et, mon Dieu, comme c'est agréable d'être contre elle ! Mince, ferme et tiède...

Nous titubons jusqu'au divan.

Et nous restons couchés là, serrés l'un contre l'autre, à nous embrasser pendant au moins une heure. C'est épuisant.

Vers une heure du matin, je la raccompagne chez elle en évitant la rue principale. Il n'y a presque personne dehors. Elle habite au-dessus du lycée, dans Buchanan Street. Nous marchons côte à côte ; je la tiens par la taille, elle a glissé la main dans ma poche.

C'est une sensation très bizarre. J'ai l'impression d'avoir volé une barre chocolatée au supermarché, ou que je suis dans un match et que l'arbitre ne m'a pas vu sortir la balle et m'accorde une touche.

Arrivés devant chez elle, nous nous arrêtons. La rue est sombre et monte en pente raide.

Elle pose les mains sur mes épaules. Il y a quelque chose dans son sourire... Quelque chose comme de l'ironie. Je me penche en avant pour l'embrasser, elle me laisse m'attarder un peu. Je ne sais pas si c'est le début de quelque chose ou la fin. Elle se tourne vers la porte.

« Salut. À bientôt.

— D'accord. »

Je reste là, les mains dans les poches, jusqu'à ce qu'elle ait refermé la porte et éteint la lumière du porche. Je me sens plutôt bien. Plutôt heureux.

Je redescends la pente de la colline vers le lycée en shootant dans les tas de feuilles mortes. L'air est calme et frais, il y a une espèce de brouillard. Je traverse la rue, j'entre dans le stade et je me fraye un passage entre les bancs de béton jusqu'à la piste de course.

Je me sens détaché, comme si mon monde tournait un peu trop vite et que mon imagination était soudain déconnectée de mon corps. Peut-être parce que, pour une fois, mon corps a dépassé mon imagination en faisant quelque chose dont je n'avais fait que rêver jusque-là.

Je me mets à courir, en écoutant le battement de mes pieds sur la terre battue. Je suis meilleur coureur que footballeur. Au printemps, je dispute le 400 et le 800 mètres, mais c'est un autre aspect de moi-même. Celui qui ressemble plus à Tommy.

J'ai déjà fait un tour complet. Mes bras se balancent aisément et je respire bien. Encore un tour, et je transpire. Je jette ma veste sur le bord de la piste et je sors ma chemise de mon pantalon. Sur ma bouche, je sens le goût de ma propre sueur qui se mélange avec le goût de Shannon.

J'accélère, de plus en plus vite, sans souffrir. Un jour, j'ai demandé à Tommy pourquoi il continue à pratiquer le cross-country alors qu'il n'est pas parmi les meilleurs. Il a dit que, même s'il était le coureur le plus lent de toute la Pennsylvanie, il n'abandonnerait jamais, car chaque foulée le rend plus fort et le rapproche de la qualification à un plus haut niveau des championnats de boxe.

J'ai déjà couru près de six kilomètres, et je pars en sprint. Je donne tout. Je maintiendrai cette allure jusqu'à ce que je m'écroule. Je négocie le tournant, et je me retrouve sur une ligne droite. Une crampe commence à me prendre la jambe, mes bras se raidissent... Au dernier tournant avant la ligne d'arrivée, j'accélère encore et je finis à toute vitesse.

J'ai le cœur qui bat à tout rompre, la mâchoire serrée. Je ralentis peu à peu, reprenant mon rythme du début, les bras au-dessus de la tête et la bouche grande ouverte pour mieux respirer. En arrivant près de l'endroit où j'ai laissé ma veste, je la ramasse et je la traîne derrière moi à une allure qui est presque celle de la marche.

Beaucoup de gens viennent faire leur jogging ici, mais personne ne court aussi vite ni aussi tard que moi. Cette idée me plaît. J'aime me trouver dans des endroits où personne ne va, ou à des moments où personne n'y vient. J'ai l'impression que le monde m'appartient.

Il doit être deux heures du matin. Je remonte vers le lycée et je jette un coup d'œil dans Buchanan Street. Chez Shannon, tout est éteint. Et il n'y a plus un chat dans la rue principale.

Demain, il me faudra penser à beaucoup de choses. Mais, pour le moment, je vais dormir, et bien dormir.

19

Au boulot

Dimanche soir, je suis bien obligé de faire face à Joey. Il est déjà là quand j'arrive, près du lave-vaisselle.

« Ça va, mon pote ? »

J'ai mis un peu trop d'enthousiasme dans ma voix. Il me regarde sans sourire.

« Ouais. »

Et il me tourne le dos.

C'est comme une douche glacée. Je ne sais pas comment il a su, mais il sait.

Un nouvel essai :

« Tu as regardé le match des Giants, cet après-midi ? »

Lui et son père, ils regardent toujours quand ce sont le Giants qui jouent.

« Non. »

Il n'y a pas encore d'assiettes sales, mais il va en chercher un plateau de propres et le pose sur le bar.

« Bon, je vais aller pointer. »

Je rentre dans le bureau et je mets ma carte dans la pointeuse, puis je reviens en cuisine, en attendant qu'il y ait quelque chose à faire.

Peut-être qu'il est seulement fâché à cause du réveil, mais je me demande s'il s'en est seulement rendu compte. Et il n'a rien pu voir venir entre Shannon et moi, puisque moi-même j'ai été pris par surprise.

Je n'en ai parlé à personne, et ça m'étonnerait que Shannon le lui ait dit. Encore moins à Eileen. Aucun de nous deux n'aurait à y gagner, sinon de perdre son ou sa meilleur (e) ami (e). C'est peut-être déjà fait, d'ailleurs.

Vers 20 h 30, je me glisse dans le bureau désert pour téléphoner à Shannon. Elle réagit agréablement en entendant ma voix.

« Tu es chez toi?

— Non, au boulot.

— Ah. Ah ! là ! là ! »

Elle vient de comprendre ce que ça signifie : avec Joey.

« Tu lui as parlé depuis hier ?

— Non.

— Tu es sûre ?

— Pourquoi ?

— Je ne sais pas. Il a l'air fâché.

— Ah bon… Tu crois qu'il sait ?

— Je ne sais pas. Personne n'est au courant, non ?

— Je ne sais pas. »

Nous restons tous les deux silencieux pendant quelques instants. Puis elle dit :

« Moi, je n'en ai parlé à personne.

— Moi non plus. Mais ça fait pas mal de temps qu'il est comme ça. Il se met en colère pour un oui ou pour un non.

— Ça doit être ça. Et puis de toute façon ce n'était pas grand-chose. Écoute, il faut que j'y aille.

— Bon, d'accord. À bientôt.

— Salut.

— Shannon ? Attends !

— Quoi ?

— Ce n'était pas grand-chose ?

— Ben… Non. Qu'est-ce que tu en penses?

— Si tu dis que ce n'était pas grand-chose, tu dois avoir raison.

— Mais c'était bien quand même, ajoute-t-elle d'un ton radouci.

— Ouais…

— Tu es mignon, Bones. On rediscutera de ça une autre fois.

— Bon, d'accord. »

Je raccroche. Et merde! Kenny est devant la porte, il m'a vu.

« Tu n'as pas le droit d'utiliser le téléphone.

— C'était une urgence.

— Tu parles! »

Je me lève et je le regarde bien en face.

« J'ai discuté pendant vingt secondes, pas plus.

— Va raconter ça à Carlos. »

Je hoche la tête et je pars dans la cuisine sans même un coup d'œil. Il se prend pour un petit chef, maintenant. Comme si, lui, il n'utilisait jamais le téléphone!

Il n'y a eu que huit clients ce soir, et si je voulais je pourrais rester assis au fond de la cuisine à manger des carottes. Mais comme je suis payé pour être là, je m'imagine qu'il faut aller aider Joey. Je m'avance vers le lave-vaisselle et j'attends qu'un plateau sorte. En voilà un. Je vais pour le prendre mais Joey me passe devant.

« Je m'occupe de ça. Nettoie les casseroles. »

Bon.

Je sors dans la cour, près du container à ordures, et je regarde le ciel. La nuit est claire, un peu fraîche.

C'est bizarre d'avoir pris l'avantage sur Joey, pour une fois. Moi qui ai été son second pendant si longtemps. Même si en sport c'est toujours lui la star, je l'ai devancé dans pas mal de domaines. J'ai un cercle d'amis, par exemple. Alors que, lui, je pense qu'il n'a personne à part moi.

D'ailleurs, je crois que c'est plutôt ça qui le contrarie. Que je sois toujours fourré avec Herbie et Rico. C'est plus important que de savoir si je suis sorti avec Shannon.

Mais quand même, cette histoire me tracasse.

Je reste encore cinq minutes à contempler le ciel, et puis j'irai m'occuper des casseroles.

Pourquoi est-ce qu'elle a dit que ce n'était pas grand-chose ?

Lundi avant l'entraînement, Len nous fait asseoir sur les bancs du vestiaire et récapitule nos chances de remporter le championnat.

« Plus que trois matches, et il est impératif de les gagner tous les trois. Il va falloir jouer serré. »

Mercredi, c'est Midvale. La semaine prochaine, nous terminons avec East Pocono et Greenfield, qui sont classés devant nous.

« Si vous croyez que vous pouvez vaincre Midvale les mains dans les poches, vous vous trompez. Ils ont battu Greenfield samedi dernier. Dans ce championnat, tout peut arriver. Et il peut se faire que nous soyons en tête. Mais préparez-vous à donner le meilleur de vous-mêmes pendant les dix jours qui viennent. »

Il désigne le tableau où figurent nos scores. Matches gagnés, matches perdus, matches nuls. East Pocono est premier avec 7-2-2. Il leur reste à affronter Greenfield, nous et Midvale.

Greenfield est deuxième à 7-3-1, avec des matches à venir contre East Pocono, Mount Ridge et nous.

Nous sommes troisièmes à 6-3-2.

Je regarde Rico à la dérobée. Il me fait un signe de tête. Tout le monde a l'air prêt à se défoncer pour gagner, même Herbie qui, d'habitude, n'écoute pas pendant ces réunions.

Lundi soir, je sors vers neuf heures et je marche droit vers la rue principale. Herbie et Rico sont sur le banc, mais j'hésite à les rejoindre. Je me dirige vers Turkey Hill. J'espérais que Herbie serait tout seul. J'ai besoin de parler avec quelqu'un.

Je feuillette deux ou trois magazines et j'achète un gros sac de chips avant de les retrouver sur le banc.

« Je ne m'attendais pas à te voir ce soir, dit Herbie en prenant une poignée de chips.

— J'avais envie de sortir. Tu as aperçu des gens qu'on connaît?

— Trunk. Et ton ami Joey.

— Il est sorti?

— Oui. Il a demandé où tu étais.

— Et qu'est-ce que vous avez dit? »

Ils se regardent et éclatent de rire.

« On a dit que tu étais sûrement parti avec sa copine, réplique Herbie.

— Quoi? C'est vrai, vous avez dit ça?

— Ben oui...

— Vous êtes vraiment trop nuls! Et qu'est-ce qu'il a répondu?

— Il s'est énervé et il m'a menacé de me casser la gueule, comme d'habitude. Puis il a filé. Comme d'habitude.

— Herbie, comment est-ce que tu sais ce qui m'arrive à chaque fois que je suis avec une fille ?

— J'ai mes sources.

— Personne ne nous a vus. »

Il penche la tête et lève les sourcils avec l'air de dire que si, justement. Je demande :

« Mais qui ?

— Personne. Mais tu viens de confirmer ce que tout le monde pensait.

— Pff... C'est pas grave.

— Ah non ?

— Non, parce que ça n'arrivera plus.

— Pourquoi pas ?

— Je ne sais pas. Il y a des choses, comme ça, qui ne peuvent pas durer...

— J'espère au moins que tu en as profité au maximum ! »

Comment répondre à ça ? Je reprends une poignée de chips et je passe le sac à Rico. Puis je referme le poing, je réduis les chips en miettes et je les laisse tomber sur le trottoir.

Je m'essuie la main sur ma veste et je me lève.

« Bon, eh bien, merci, les gars.
— À ton service », conclut Herbie.

Sturbridge vu par un de ses habitants (V)

En montant sur la colline qui surplombe la ville, juste avant le sommet, il y a un chemin qu'on peut emprunter pour redescendre à travers bois, de préférence au pas de course. On finit par déboucher dans une clairière où douze pommiers sont plantés en trois rangées distantes d'environ quinze mètres les unes des autres. Ce sont de vieux arbres dont personne ne s'occupe plus, mais en automne ils se chargent de fruits – ce qui attire les daims.

Le deuxième pommier de la deuxième rangée a deux branches parallèles à deux mètres du sol, assez minces pour qu'on puisse s'y agripper des deux mains, mais assez solides pour supporter le poids d'un corps.

Les premières tractions font ployer les branches, et un peu de la résistance de l'arbre passe dans les avant-bras et les épaules. Mais à mesure que l'effort augmente, que vos muscles se mettent à peiner et votre rythme à ralentir, l'exercice devient une lutte contre l'arbre. Et c'est toujours lui qui gagne, mais parfois on peut tenir un peu plus longtemps.

C'est l'endroit idéal où aller quand on est en colère, frustré ou qu'on a de l'énergie à revendre.

Même mon frère ne sait pas que je viens ici. Mais c'est sans doute la seule personne à Sturbridge qui comprendrait pourquoi.

20

En avant !

En arrivant au boulot mardi soir, j'ai trouvé Larry, de l'équipe du matin, en train de remplir le lave-vaisselle. J'ai demandé à Kenny où était Joey : il avait appelé pour dire qu'il était malade. Mensonge. Il n'était pas malade à l'entraînement. Il faisait sa tête de cochon, mais il était en pleine forme.

J'ai donc passé la soirée au fond de la cuisine à nettoyer les casseroles et à écouter de la musique country à la radio, puisque c'est la seule que Kenny accepte de passer. Larry est plus vieux que moi, dans les vingt-cinq ans, et ne parle pas beaucoup. Il prend le boulot très à cœur bien qu'il le déteste. Du coup, je n'ai pas ouvert la bouche de toute la soirée.

Si Joey est fâché au point de ne plus vouloir travailler avec moi, je ne vois pas comment nous allons pouvoir jouer ensemble sur le terrain. Mais demain, c'est le match contre Midvale, et la moindre erreur risquerait de nous être fatale.

Je me persuaderai qu'il s'agit de quelqu'un d'autre au moment de lui passer le ballon.

Un peu avant la mi-temps, je récupère une passe près du coin supérieur de leur surface de réparation. Midvale pratique un football très classique – tout le monde en défense –, et jusqu'ici ça a été dur de trouver une ouverture.

Je vois Joey qui court vers le but, mais il y a un joueur de Midvale entre lui et moi. Je ne peux pas lui passer directement, mais je vois où il va. J'envoie le ballon dans l'espace libre au-delà du défenseur, qui se retourne et se met à courir pour le prendre à Joey. Mais Joey est le plus rapide. Il le récupère et le propulse en plein dans le filet.

Les bras levés, il revient, toujours en courant, au milieu du terrain. Trunk et Dusty se jettent sur lui. Je le regarde, mais il détourne les yeux.

Quelques instants plus tard, le score monte à 2-0 sur un corner de Trunk.

Dans la seconde moitié du jeu, Joey saisit une belle occasion : il s'empare d'un tir dévié dans la surface de buts, en deux pas il recule pour ne pas être hors jeu et le gardien se précipite pour parer du côté du but où il se trouve. Mais Joey s'arrête net, fait un crochet sur la droite et envoie le ballon à l'opposé. J'arrive droit dessus, attendant un rebond, mais il ne me reste qu'à l'arrêter et à la projeter dans le filet. Magnifique passe. Tactiquement, c'est très bien joué.

Je frappe dans les mains de Trunk et je cours vers le cercle. Joey court auprès de moi sans me regarder. Nous en sommes à 3-0.

Nous ne nous parlons plus, mais au moins nous jouons ensemble.

Joey réussit un quatrième but juste avant que l'entraîneur ne fasse intervenir les remplaçants. Nous voilà à sept victoires pour trois défaites et deux nuls.

Après la partie, Len vient dans les vestiaires nous annoncer que Greenfield a battu East Pocono, et remonte ainsi en tête du championnat. Nous sommes deuxièmes ex-aequo avec Pocono... et nous les rencontrons mardi prochain !

Trunk grimpe sur le banc de bois et se met à crier :

« On les aura ! On les aura ! »

Tous les gars entonnent son slogan en marquant le rythme sur les casiers. Herbie monte à son tour sur le banc et lève les deux bras. Il est torse nu, et on voit ses côtes.

« Je n'en laisserai pas passer une, mes amis. Ce corps est invulnérable. Ces mains, poursuit-il en étendant les doigts, arrêteront toutes les balles... »

Nous poussons un cri d'enthousiasme. Herbie a les yeux fermés et les paumes vers le ciel. Soudain il saute du banc et atterrit au milieu de la pièce.

Trunk donne de grands coups de poing dans son casier. Les autres l'accompagnent en frappant des mains et des pieds. C'est la première fois depuis je ne sais combien de temps que nous nous sentons unis comme une véritable équipe.

Je les observe un par un : les yeux de Rico étincellent d'assurance, Hernandez a un grand sourire et l'air d'en vouloir, et même Dusty semble ne plus nous haïr.

C'est merveilleux.

Évidemment, Joey n'est pas là pour se réjouir avec nous. Il a emporté ses affaires et filé sans même se changer. Mais cela ne suffira pas à gâcher ma joie. Les choses progressent. Je suis heureux de faire partie d'une équipe.

Et la saison est loin d'être finie.

21

Une petite vengeance

Mardi soir après l'entraînement, je demande à Joey :

« Tu vas chercher ton chèque au boulot ?

— J'y ai déjà été à midi. »

Il a répondu sans me regarder, la tête dans son casier.

Il m'énerve. Tant pis pour lui. Je ramasse toutes mes affaires et je m'essuie avec ma serviette. La douche, je la prendrai à la maison. Une fois habillé, je sors.

Arrivé au restaurant, j'entre par la porte de derrière. Kenny est devant l'évier en train de laver de la laitue. Comme je me dirige vers le bureau de Carlos, il me regarde en hochant la tête.

Je jette un œil dans le bureau. Carlos est assis à sa table, il bavarde au téléphone. Il lève un doigt pour me faire signe de l'attendre. Au bout de quelques instants, il raccroche et se tourne vers moi.

« Salut. Je suis venu chercher mon chèque.

— Ton chèque, vraiment...

— Ben oui. »

Il tapote son bureau du bout des doigts.

« Tou dévrais t'asseoir. Il faut qué yé té parle. »

Je m'exécute. Il hausse les sourcils et me scrute pendant un moment. Puis il sort de son tiroir un papier plié en quatre.

« Est-ce qué tou réconnais ça? »

Il le déplie et, avec une poussée de sueur froide, je reconnais effectivement mon invitation pour *Octoberfest*.

« Yé trouve cé docoument très intéressant. »

Je me mords les lèvres sans rien dire.

« Est-ce qué c'est toi qui l'as écrit?

— Oui.

— Yé té croyais plous malin. »

Je me frotte le menton. Je ne sais pas quoi faire.

« Euh… Je paierai tout. »

Il sourit, mais d'un sourire qui n'est pas gai.

« Ta paie de cette semaine aurait été d'environ quarante dollars. On peut dire qué ça mé rembourse, et basta.

— Ça va.

— C'est même avantageux pour toi. Tu as dé la chance qué yé t'aime bien. Tu as touyours bien travaillé.

— Merci.

— Mais c'est terminé.

— M… Je suis désolé.

— Yé né veux plus té voir ici.

— O.K. ! »

Je soupire fort et je cligne des yeux un bon coup.

Kenny a passé la tête par la porte.

« Des ennuis, Carlos ?

— Rien dé grave. Yé m'en charge. »

Kenny reste là, les bras croisés sur la poitrine, à se balancer d'un pied sur l'autre.

« Tu lui as demandé pour les couverts ?

— Kenny, yé m'occoupe dé ça. Retourne à la cuisine. »

Kenny me jette un regard mauvais avant

de reculer. Il est clair qu'il a quelque chose à voir dans mes ennuis. Mais pour ce qui est de l'invitation que Carlos tient entre ses mains, elle ne peut venir que d'une seule personne. Je sais qui, et où la trouver.

Je me lève.

« Au revoir.

— Au revoir. »

En passant par la cuisine, je retrouve Kenny devant l'évier.

« Ton pote dit que tu craches dans la mayonnaise.

— Je n'ai pas de potes parmi les gens qui travaillent ici. »

Et je sors sans un mot de plus.

Il me faut à peu près quarante secondes pour arriver au banc de Herbie. Rico est là aussi.

« Vous avez vu Joey ?

— Il est à la maison de repos », répond Rico.

Je pars dans cette direction ; ils s'extraient du banc pour me suivre. Je marche à toute vitesse. Il y a à peine deux rues avant la maison de repos, et j'ai le cœur qui bat à cent à l'heure.

Je l'aperçois qui joue, trois contre trois. Je crie :

« Hé, Joey ! Viens un peu par ici ! »

Il est au fond du terrain de basket, mais il se ramène tout de suite, au pas de course. Il devait m'attendre.

Il se présente en plein devant mon poing qui le cueille au niveau de la pommette gauche, juste en dessous de l'œil.

Il recule, s'essuie la joue, mais ne demande pas pourquoi j'ai agi comme ça. Au contraire, il bondit sur moi et m'attrape par la chemise. Mais je suis trop près, le poing passe par-dessus mon épaule. Il pousse un juron, essaie de me jeter par terre, j'esquive en le traitant de connard.

La bagarre tourne au match de boxe, chacun essayant de mettre l'autre hors de combat. C'est lui qui prend l'avantage en me portant un coup qui me propulse en arrière, mais je rétablis mon équilibre, je feinte et je lui balance un direct… qui manque son but.

Celui que je reçois en retour me frappe en plein sur ma tempe. Un éclair blanc traverse mon cerveau, et me voilà qui tombe à quatre pattes. Mais je me redresse tout de suite.

Je m'ébroue et je recouvre ma lucidité.

Assez pour lancer un poing à toute volée... qui manque encore son but. Aussitôt je reviens avec un autre coup, moins puissant mais plus précis. Cette fois, je tombe pile. Joey se met à saigner de la bouche.

Il y a au moins dix garçons qui nous regardent en poussant des cris. Mais un adulte arrive et c'est lui qui nous sépare. Il parle d'appeler les flics, mais il n'a pas l'air convaincu.

Sans même savoir ce qui m'arrive, je me retrouve à cent mètres du terrain de basket, assis sur les marches de l'Église épiscopale. Herbie, Rico et quelques autres sont debout devant moi. J'ai une bosse qui gonfle sur la tempe et une lèvre fendue, mais à part ça, rien de cassé.

Je m'entends demander à la cantonade :

« Alors, j'ai gagné ? »

22

La vérité

Vendredi, quand je me pointe à l'entraînement, Joey est assis sur le banc en face de son casier et il parle avec Trunk. Il me fixe sans rien dire. Il a un gros bleu sur la pommette.

Moi, j'ai la lèvre un peu gonflée, mais je réussis quand même à faire une moue. Je lui tourne le dos et j'ouvre mon casier.

Les autres commencent à arriver. J'enlève mes vêtements et j'entreprends de me bander les chevilles. Joey, Trunk et quelques autres sortent sur le terrain.

Voilà Herbie qui vient vers moi.

« Alors, Bones, à quand le match retour?

— Lequel?

— Le match de boxe contre ton “meilleur ami”. Vous n’avez pas terminé.

— Ah non?

— Non. Il faut résoudre cette histoire une fois pour toutes. Ça me fait de la peine de vous voir séparés par un abîme... pour ne pas dire “une fente”. »

Je secoue la tête. Celle-là, il a dû mettre des heures à la trouver. Je remarque Len qui s’est arrêté à l’entrée du vestiaire, mais Herbie ne le remarque pas. Il continue à pérorer.

« Allez, Bones, il faut reprendre le combat! Le vainqueur aura le droit de prétendre qu’il a une chance avec Shannon. »

Ça fait un peu mal, mais je ris quand même.

« Herbie », dit Len.

Herbie se tourne vers lui avec une exclamation étouffée.

L’entraîneur hausse les sourcils. Il est prof de gym au collège – ce qui lui donne une assez bonne résistance aux blagues idiotes.

« J’étais juste en train de gonfler un peu mon pote.

— Le gonfler, vraiment... »

Len sourit, mais il n'a pas l'air ravi.

Herbie se tourne vers moi.

« Bon, aujourd'hui on va se mettre au travail sérieusement! Moi, pour me chauffer, je sors faire quelques pompes... »

Et il file.

Len s'approche de moi.

« Ça va?

— Bien sûr.

— Tu n'as rien en travers de la gorge?

— Rien du tout.

— Il faut se concentrer.

— C'est ce qu'on va faire.

— Si tu as de la colère, canalise-la dans le jeu. »

J'acquiesce en silence. J'enfile mes affaires de foot à toute vitesse et je sors m'entraîner.

Samedi après-midi, je me rends à Scranton avec mes parents pour assister au championnat de cross-country. Assis à l'arrière de la voiture, j'écoute une vieille cassette de Harry Chapin que mon père a mise.

Toutes les cinq minutes, ma mère se retourne pour me faire la conversation. Elle pose plein de questions sur Joey (elle n'est pas au courant pour la bagarre) et je réponds par monosyllabes.

Elle me demande comment je me sens dans l'équipe, elle dit que ça doit être bien de faire partie d'un ensemble qui a un but commun. J'acquiesce.

Elle me demande aussi si je compte aller au bal de fin d'année du lycée, et je lui rappelle que je suis en Seconde, et que ce bal est réservé aux Terminales.

Alors elle finit par ne plus rien me demander. Je la comprends. Elle s'inquiète pour moi. Mais ces jours-ci, je n'ai pas envie de lui raconter ma vie.

Nous arrivons au parc. La course des filles est déjà presque finie – ce qui signifie que celle de Tommy ne va pas tarder. Nous nous avançons vers la ligne de départ, et je l'aperçois qui s'échauffe sur le bord du terrain.

Dès le début de la course, mes parents se mettent à crier :

« Vas-y, Tommy ! Fonce ! »

Je me précipite quelques centaines de mètres plus loin, à un endroit où je peux voir passer les concurrents à mi-parcours, puis je grimpe sur la colline pour avoir une vue d'ensemble.

L'équipe de Laurelton est très forte, leurs gars dominent aisément la compétition. Les deux premiers sont de chez eux, et ils en ont encore deux autres dans les dix premiers. Pour le moment, Tommy fait une très belle course : il est en douzième position, deuxième pour Sturbridge.

Au moment où il passe devant moi, je lui crie :

« Ça se présente bien ! Tiens bon ! »

Il a un gros peloton à ses trousses, mais il a l'air très en forme. Je regarde encore passer quelques coureurs, puis je coupe pour me diriger vers la ligne d'arrivée.

C'est une longue ligne droite herbue avec des spectateurs des deux côtés. Je me poste sur le bord et soudain, à ma grande surprise, j'aperçois Shannon de l'autre côté. Elle me fait un grand sourire et un signe de la main.

Je ne m'attendais pas à la voir ici. C'est peut-être une chance…

Comme les premiers concurrents approchent, je ne peux pas traverser pour me mettre auprès d'elle. Mais il y a encore deux épreuves prévues cet après-midi, et j'aurai peut-être l'occasion de passer un peu de temps en sa compagnie. Je me demande comment elle est venue jusqu'ici.

Les deux gars de Laurelton finissent les premiers dans un sprint puissant, loin devant les autres. Cinq ou six coureurs les suivent, un par un. Puis c'est Tommy qui fait irruption sur la dernière ligne droite. Il vient d'exécuter la plus belle course de sa vie ! Je me mets à battre des mains.

« Vas-y, mon frère ! »

Je m'élance jusqu'à la ligne d'arrivée qu'il vient de franchir et je lui tends la main.

« Bravo, champion !

— Merci, petit frère. C'était un plaisir. »

Soudain j'entends la voix de Shannon derrière moi :

« Bravo, Tommy. Jolie performance.

— Salut, Shannon… »

Mais en me tournant pour la voir, je comprends brusquement ce qu'elle est venue fabriquer ici. Tony Terranova l'accompagne.

« Salut, Tony.

— Salut, Bones. »

Ils ne se tiennent pas par la main ni rien, mais ça me paraît franchement bien parti. Ce n'est pas que je me faisais trop d'illusions, mais je n'avais pas abandonné tout espoir.

Tony a une voiture, il est en Terminale et il en impose vraiment. Au fond, ça ne m'étonne pas qu'elle soit avec lui. Mais je crois que, s'il savait qu'elle est sortie avec moi, elle cesserait de l'intéresser.

C'est mon premier dimanche soir de libre depuis longtemps. Il pleut, il fait froid, mais je n'ai pas envie de rester vissé derrière la fenêtre de ma chambre, et encore moins d'aller en bas avec eux.

En rentrant de Scranton hier, j'ai dit à mes parents que j'étais mis au chômage technique – ce qui n'est pas tout à fait un mensonge.

J'ai passé presque toute la journée dans ma chambre. En fait, ça fait vingt-quatre heures que je n'en suis pas sorti, sauf pour manger et me doucher. Je suis déprimé et je m'ennuie. Et, même si ça me coûte de l'admettre, je me sens seul.

Vers sept heures du soir, j'enfile un sweat à capuche, un coupe-vent, et je descends. Ma mère est au salon. Je lui dis que je vais chercher quelque chose à Turkey Hill.

« Il fait un temps de chien, Barry.

— Pas grave. »

Je me dirige droit vers la rue principale. Il ne pleut pas très fort, mais il n'y a personne. Même pas Herbie.

Une rafale de vent balaie des cartons décorés de citrouilles jusqu'au bout de la rue. Demain, c'est Halloween. Demain, nous jouons contre East Pocono, et le perdant sera éliminé de la course pour le championnat. Si nous gagnons, il nous restera à affronter Greenfield.

Je vais jusqu'à Turkey Hill et j'entre dans le magasin, mais je n'ai envie de rien. Je m'achète des biscuits et un Coca, puis je longe le cinéma. L'entrée en est toujours bouchée avec des planches, mais il y a quand même une espèce de niche devant la porte où on a la place de s'asseoir à l'abri.

Je reste là une demi-heure. J'ai mangé tous les gâteaux mais je n'ai même pas ouvert mon Coca. À peine six voitures sont passées.

Je finis par lever les yeux pour scruter la rue, quelqu'un qui s'avance dans ma direction, avec une capuche sur la tête et un coupe-vent jaune. En arrivant près de moi, il s'assoit. Je ne prends pas la peine de répondre à son salut.

Nous demeurons un moment à regarder la pluie, qui tombe un peu plus serrée que tout à l'heure. Je lui tends ma canette.

« Tu veux du Coca ?

— Non merci », répond Tommy.

Je soupire, et mon soupir se change en buée. Une camionnette bleue avec un phare cassé roule lentement de l'autre côté de la voie. Je tire sur un fil qui dépasse de mon jean.

« Alors, quel est le problème avec Tony ?

— Ils ont été au ciné hier soir.

— Ah.

— Je crois que tu n'es pas encore tout à fait prêt pour quelqu'un comme elle », dit-il doucement.

Normalement, ça m'énerverait qu'il me parle comme ça. Mais là, il a raison.

Il dit encore :

« Il y a plein d'autres filles.

— Je sais. »

Je pianote du bout des doigts sur la canette de Coca.

« Je sais.

— Bravo, mon vieux. Je suis content de voir que tu le prends comme ça. »

J'esquisse un demi-sourire. Tommy a

toujours eu des copines depuis la Sixième, mais ces derniers temps, il n'a personne. Ça n'a pas l'air de le gêner.

On dirait qu'il a lu dans mes pensées.

« Écoute, reprend-il, tu ne peux pas mesurer ta valeur par la fille que tu fréquentes, sa beauté ou je ne sais quoi. »

Je hoche la tête. Mais il sait aussi bien que moi que c'est difficile d'être détaché. Tout le monde va juger un type de mon âge par rapport aux filles avec qui il réussit à sortir, à ses succès en sport et à la bande de copains avec qui il traîne. C'est ça qui fait une réputation. On ne vaut rien par soi-même.

Nous restons silencieux pendant cinq bonnes minutes. Deux ou trois voitures, quelques rafales de vent. Puis Tommy s'étire en bâillant.

« Avec Joey, ça s'est arrangé ?

— Pas encore. »

Il hoche la tête.

« Ça ne va pas tarder.

— Je sais, dis-je dans un murmure. Je sais. »

23

Halloween

Au moment où le match commence, le vent a séché la pelouse. Il fait très froid. Des flocons de neige flottent dans le vent ; le ciel est couleur ardoise.

Personne n'a besoin de préciser combien ce match est important pour nous. Nous nous échauffons dans la plus grande concentration.

L'entraîneur m'appelle :

« Où est ta tête aujourd'hui ?

— Sur mes épaules.

— Tu es sûr ?

— Certain. »

Il pose la main sur mon épaule et appelle :

« Joey? »

Joey est en train de faire ses étirements près de la cage.

« Quoi?

— Viens par ici! »

Il s'avance au pas de course, les yeux fixés sur les gradins. Il y a vraiment du monde, cette fois... Mais je sais qu'il regarde au même endroit que moi : là où Shannon et Tony sont assis.

« Tu es prêt? demande Len.

— Oui.

— Il faut que vous jouiez ensemble, tous les deux.

— Pas de problème, dit Joey en se pliant pour toucher ses orteils.

— Bones? »

Je jette un coup d'œil aux gars de Pocono.

« C'est bon pour moi. »

Len reste un instant silencieux.

« Ça va comme ça. »

Chacun repart de son côté.

Ils commencent sur les chapeaux de roue, comme la dernière fois. Tout le temps dans notre camp, avec des passes précises et vives. Ils tirent deux ou trois fois, mais Herbie ne laisse rien passer. À la fin du premier quart de jeu, nous parvenons à prendre notre rythme.

Un quart d'heure avant la mi-temps, un de leurs avants réussit à feinter Dusty et arrive sur l'aile, dans mon territoire. Il est grand et mince, avec un cou maigre et une coupe de cheveux sévère qui lui donnent l'air d'un crayon géant. Mais il est très rapide aussi, et il me devance d'un demi-pas. Les gars de son équipe sont là pour recevoir.

Je pivote et je pose le pied sur le ballon pour lui en faire perdre le contrôle. Je le lui prends et soudain le terrain s'ouvre devant moi. Me voilà qui fonce, avec Crayon-Géant à mes trousses. J'entends les encouragements de la foule au moment où je dépasse le milieu du terrain et où je bifurque vers les buts. Le type me donne des coups de coude mais je tiens bon, je fais un bouclier de mon corps pour protéger le ballon.

Un défenseur de Pocono s'avance pour me bloquer, mais du coin de l'œil j'aperçois un maillot bleu. Sûr que c'est Joey : à part lui, personne ne court aussi vite que moi.

Il crie :

« Par ici ! »

Je lui passe la balle de l'intérieur du pied gauche, un grand coup, un mètre cinquante en avant de lui. Elle continue sa trajectoire sur l'herbe comme un boulet de canon, juste devant la surface de buts.

Le goal n'a pas une chance. Le ballon fuse dans ses filets et Joey se met à tourner en rond, les bras en l'air. Trunk se jette sur lui et l'attrape dans ses bras.

Moi, je laisse sortir tout l'air de mes poumons en un grand cri de victoire.

Pocono ose quelques tentatives dans la seconde mi-temps, mais notre défense est solide. Ils obtiennent trois ou quatre coups francs, rien de grave. Herbie les arrête tous.

Le temps s'écoule, mais ça ne nous suffit pas de mener 1-0. Si jamais ils égalisent, nous sommes fichus. Il nous faut gagner ce match et le suivant, sinon c'est le naufrage.

Soudain, sur un tir peu puissant de Trunk, le gardien de Pocono récupère le ballon. Il remet en jeu de toutes ses forces, et le ballon s'envole, retombant bien en avant dans notre camp.

Un de leurs avants le réceptionne, mais il est trop nerveux pour le conserver. Il tire directement vers nos buts, et comme il n'y a personne de son équipe dans ce coin-là, c'est Hernandez qui le reprend, l'amène dans la ligne des dix-huit mètres et le passe doucement à Herbie.

Trop doucement.

Crayon-Géant est arrivé au pas de course, et c'est lui qui va l'intercepter. Après avoir fait deux pas hors de sa cage, Herbie comprend tout de suite la situation et retourne défendre ses filets, les bras grands ouverts, au ras du sol.

Crayon-Géant saisit le ballon, fait une feinte de tête et tire tout droit, à hauteur de sa taille.

Herbie réussit à le dévier d'un coup de poing. Il retombe et se met à rouler en tremblant vers les filets, mais d'un coup de pied il le dégage sur le côté.

Crayon-Géant se précipite, mais aussitôt Hernandez et Joey le marquent. Il passe à son buteur qui se trouve à l'opposé, et qui shoote. Mais Herbie est déjà en place, il plonge et bloque le ballon entre ses bras avec un hurlement de triomphe.

Nous devenons fous de joie.

Herbie relance la balle au pied. Crayon-Géant hoche la tête comme s'il ne pouvait pas y croire, et cette fois, je reste à l'arrière. Ils ne reviendront plus par ici.

L'arbitre siffle la fin de la partie, et nous nous jetons tous les onze dans une gigantesque embrassade. Une marée humaine descend des gradins. Des petits garçons et des petites filles déguisés en squelettes ou en sorcières bondissent dans les bras de leurs grands frères.

Je donne une grande claque dans le dos de Herbie.

« Magnifique ! »

Il secoue la tête.

« Moi-même je n'y crois pas. »

Encore un match. Le meilleur qu'on ait jamais joué.

Je n'aurais jamais imaginé que je pourrais me sentir aussi bien. C'est fou comme en une journée tout peut basculer.

Sturbridge vu par un de ses habitants (VI)

À Sturbridge, il n'y a que trois endroits où on puisse manger une soupe pékinoise piquante.

Un soir de l'été dernier, j'en ai acheté une pinte au *China Buffet* sur la route nationale. Joey en avait pris de son côté au *Ming Garden*, et nous nous sommes retrouvés chez le petit traiteur oriental de la rue principale pour faire un test comparatif.

J'avoue que j'avais une préférence pour le *China Buffet*, en partie à cause de ses trois belles serveuses (elles sont sœurs ou cousines) qui étudient dans notre lycée. Elles ont l'air très gentilles, mais comme elles ne vivent pas depuis longtemps en Amérique, elles sont timides et difficiles à aborder.

D'après Joey, c'est la soupe du *Ming Garden*, un restaurant chic et confortable, qui serait la meilleure. C'est là que son père l'emmène toujours pour célébrer ses victoires, depuis l'école primaire. D'ailleurs, je n'en suis pas sûr mais je crois bien que, quand il perdait, on le mettait au pain sec et à l'eau.

Bref, la conclusion (qui ne surprendra sans doute personne, vu la façon dont j'ai présenté les choses) est que la soupe du petit traiteur a gagné haut la main : beaucoup de goût mais pas trop piquante.

D'après Joey, la soupe du *China Buffet* s'apparentait à « de la morve marron et un peu molle diluée dans de l'eau chaude ». Moi, j'ai donné à la soupe du *Ming Garden* la note de 6 sur 10 : trop salée et trop amère.

Le traiteur, donc, s'il ne peut se prévaloir ni du charme de ses serveuses, ni d'une ambiance confortable et chic, est sans conteste celui qui réussit la meilleure soupe.

24

Les champions

Quelle soirée incroyable ! Sept candidats qualifiés en une demi-heure. Nous en sommes à quatre-vingt-dix-neuf.

Debout devant le banc, nous scrutons les voitures et les gens qui circulent dans la rue principale. Tout à coup, je saisis le bras de Herbie et je lui montre qui arrive par le côté nord. C'est Kenny, à deux pâtés de maisons de distance environ, qui passe par là en rentrant du boulot.

Mais quand je regarde dans l'autre direction, j'aperçois soudain Joey qui remonte vers nous, l'air bravache et content de lui. Mon regard va de Kenny à Joey, et retour. Ils sont à la même distance du banc et se rapprochent tous les deux de nous. On dirait qu'ils font la course pour le titre.

Mais juste avant d'atteindre notre hauteur, Kenny tourne à droite en direction de Turkey Hill. Sans doute qu'il va s'acheter des cigarettes.

Joey continue vers nous, prêt à prendre le titre de champion... Mais juste avant d'arriver au banc, il s'arrête.

Je le regarde d'un air bizarre. On est mardi.

« Tu n'es pas allé à *L'Auberge* aujourd'hui ?

— Je ne travaille plus là-bas.

— Ah bon ?

— Je me suis fait virer. »

Il a l'air tout fier.

« J'ai raconté à Carlos comment les choses s'étaient passées.

— Et... ?

— Je lui ai donné cinquante dollars. Il a dit qu'il oubliait tout.

— T'es trop nul ! Je lui en avais déjà donné quarante ! »

Nous éclatons de rire. Herbie me file un coup de coude en désignant Kenny qui passe sur le trottoir, en direction de la taverne O'Hara.

« Est-ce qu'on le déclare champion? »

Je ne réponds pas. Je me retourne vers Joey.

« Tu crois qu'on pourra retrouver du travail dans cette ville?

— Peut-être. Peut-être pas. »

Il hausse les épaules et je souris. Ce n'est pas si terrible. Nous en aurions fini avec Sturbridge à quinze ans, alors que Kenny est coincé à perpétuité.

Herbie nous observe. Je prends le bras de Joey et je l'entraîne dans la rue. Il ne nous suit pas.

« Pourquoi est-ce que tu as avoué, Joey?

— Je me sentais tout seul au boulot.

— Ça n'a pas duré longtemps. À peine quelques jours.

— Je ne pouvais pas le supporter. Cette saleté de restau a failli me coûter un ami.

— Ça... et autre chose. »

Il rit de son rire bref et saccadé, puis hoche la tête.

« Ah, les filles...

— Tu ne te laisses pas faire, hein?

— Manquerait plus que ça! »

Il s'immobilise sur le trottoir et, doucement, fait mine de me décocher un coup de poing dans l'épaule. Je réponds en posant mon poing contre le sien.

Nous sourions d'une oreille à l'autre. Je m'exclame :

« Ce que tu peux être nul! »

Mais nous savons tous les deux ce que ça veut dire :

« D'accord, on s'est comportés comme des crétins, mais maintenant c'est fini. »

Ces derniers mois m'ont apporté beaucoup de bonnes choses. De nouveaux amis, comme Rico et Herbie; mes premiers pas dans le monde mystérieux des femmes; et comme athlète, une nouvelle confiance en moi. Mais j'ai failli perdre quelque chose qui valait bien plus cher que tout ça. Je sais que c'est exactement pareil pour Joey.

Nous revenons vers le banc.

« Alors, demande Herbie, qui est notre champion? »

Je lui tends la main. Il la serre d'un air étonné.

« Si tu veux, je partage le titre avec toi. »

Joey pose sa main sur les deux nôtres et les serre.

« J'aimerais en être aussi. »

Herbie hoche la tête, et un sourire timide se dessine sur son visage.

« O.K., les gars. On l'a bien mérité. »

25

Vingt secondes !

Nous sommes très calmes dans le bus qui nous emmène à Greenfield. Je ne sais pas si c'est bon ou mauvais signe. Je sais seulement que je suis prêt à affronter ce qui va se passer, même si je suis mort d'angoisse.

Nous avons gagné les trois derniers matches et ça nous a permis de rentrer dans la course. Maintenant, c'est entre eux et nous. Ils ont une demi-manche d'avance : ils mènent par 9-3-1 et nous en sommes à 8-3-2. Une défaite ou un nul, et c'est Greenfield qui remporte le titre. Si nous arrivons à leur arracher la victoire, nous devenons les champions de la Ligue.

Je suis assis tout seul au milieu du bus, les bras croisés sur la poitrine. Hier soir et pendant la majeure partie de la journée d'aujourd'hui, j'étais très confiant. J'ai commencé à m'angoisser au moment où j'ai été me changer dans les vestiaires. Et maintenant, j'ai l'impression que je vais vomir.

Le bus se gare dans le parking de Greenfield. Personne ne bouge. Le soleil brille, il n'y a presque pas de vent et il fait au-dessus de 10 °C. Des conditions idéales.

Len se lève et se poste dans l'allée centrale, les deux mains sur les sièges de chaque rangée.

« Bon, les gars, nous y voilà. »

Il descend du véhicule mais personne ne bouge. Je regarde par la fenêtre. Le terrain est juste au-dessus de la rivière Lackawanna, et l'équipe de Greenfield est déjà en train de s'échauffer. De l'autre côté de cette même rivière, on aperçoit Scranton, avec ses immeubles en briques roses et ses toits gris.

Je me lève enfin, à la fois parce qu'il faut bien sortir et parce qu'il faut que j'aille aux toilettes. Je me dirige vers l'avant du bus ; les autres me suivent.

En quittant les vestiaires, je commence par une petite course le long du terrain, jusqu'à nos buts. La pelouse est en parfait état, sans le moindre trou, elle sent l'herbe fraîchement coupée. Et les gradins se remplissent à toute vitesse. À Greenfield, le football est roi.

Les gars de mon équipe jouent quelques ballons et font des étirements pour s'assouplir. Un car entier de supporters du lycée est arrivé, mes parents sont là eux aussi. Un avion vole au-dessus de nous, à basse altitude. J'entends une sirène qui hurle dans le lointain.

Joey m'appelle, m'envoie une passe que je bloque avec l'intérieur du pied et que je lui renvoie aussitôt. Nous nous mettons à courir vers les buts adverses, parallèles l'un à l'autre en nous passant successivement le ballon. Au retour, je contourne le drapeau du corner et je jette un coup d'œil au gardien de Greenfield qui arrête les tirs de ses coéquipiers.

Les officiels sont déjà là, tout en noir, et l'heure de la partie approche. Je respire un grand coup et je cesse de courir. Joey est toujours en train de dribbler.

Je me penche pour toucher mes orteils. À trois centimètres des chaussures, les muscles de mes jambes sont tendus au maximum. Je reste un moment dans cette position, puis je me redresse et me mets à sautiller pour m'échauffer.

Nous pouvons gagner. Je le sais. Même sur leur terrain, je sais que nous pouvons les vaincre.

J'ai les yeux grands ouverts et j'entends battre mon cœur.

L'entraîneur nous appelle. Je me dirige vers le bord du terrain. Je suis confiant. Je suis prêt. J'ai peur.

Premier quart. Tout le monde est tendu. Le jeu se déroule presque entièrement dans notre camp, mais Greenfield n'a pas beaucoup d'occasions de marquer. Notre défense joue très bien, mais nous n'avons pas encore réussi à passer de leur côté.

Finalement, c'est Rico qui intercepte le ballon tout près de nos buts. Comme les avants de Greenfield se jettent sur lui, il me le donne. Je fais un quart de tour ; le terrain est ouvert devant moi.

Je dépasse rapidement la ligne de milieu de terrain, et au moment où un adversaire s'approche de trop près, je transmets à Joey une balle rase. Joey la renvoie à vingt mètres devant moi, elle va sortir... Je me jette dans une course acharnée contre un milieu de terrain adverse, et c'est moi qui arrive le premier. De la ligne de touche, je m'élance vers les buts.

Passe centrée à Joey, qui renvoie à Rico, qui ramène le ballon vers moi. Je tire droit vers l'avant, cours sur le ballon et tire. Droit au but.

Le gardien de Greenfield plonge, trop tard. Le boulet lui file entre les doigts et s'enfonce dans le filet.

BUT !

Rico saute sur place ; je me jette sur lui et le percute, poitrine contre poitrine. Joey lance un bras sur mon épaule en hurlant :

« Ouaiiiis ! »

Nous pouvons les vaincre !...

Deuxième quart. Des deux côtés, on joue un meilleur football. Tout le monde est confiant, la tension est tombée. Les joueurs de Greenfield ont l'air moins arrogants. Ils ont compris que le match n'était pas joué d'avance.

L'un d'entre eux a emmené le ballon dans

le coin en essayant de se démarquer d'Hernandez. Il le dribble et, un instant, se retrouve avec un libre accès à nos buts.

Il fait une passe un peu trop molle à Herbie qui s'immobilise une fraction de seconde, indécis : doit-il garder sa position ou tenter de s'emparer du ballon ?

Il se décide trop tard à avancer. Le buteur de Greenfield est déjà là, il shoote. Herbie arrête le tir de l'épaule, vacille sous le choc et rebondit à genoux. La balle tombe à sa gauche, où un joueur de Greenfield la récupère et la place dans le filet.

C'est comme ça que nous nous retrouvons à égalité.

Mi-temps. Je mange une orange et je bois une canette de Gatorade.

« Il ne faut pas relâcher la pression. Leur but était minable alors que le nôtre était solide.

— Celui que tu as arrêté juste avant à l'épaule, c'était fort, dis-je à Herbie.

— Pas tant que ça, puisqu'ils ont fini par marquer.

— Ce n'était pas ta faute.

— C'est toujours la faute du gardien. »

Mais il n'a pas l'air affecté outre mesure.

Il ajoute :

« Qu'ils y reviennent ! Ils n'en mettront plus un seul. »

Troisième quart. Herbie a tenu parole. Les gars de Greenfield attaquent sur deux belles actions : une tête dans la surface de buts qu'il rattrape dans un saut, et un tir puissant qu'il stoppe à la main. Il tombe sur le sol et, en la dribblant de la main, comme au basket, se remet à genoux pour la bloquer contre sa poitrine.

Maintenant, c'est à nous. Joey, Rico et moi à l'attaque, formation en triangle, nous nous dirigeons de l'autre côté du terrain. À mi-course, Dusty arrive en renfort. Joey lui fait une passe croisée qu'il renvoie plein centre, nous amenant en position de marquer. Il repasse à Joey, qui renvoie à Rico, qui me fait la même passe que précédemment.

Je reçois le ballon à dix mètres de la ligne de but, à mi-chemin entre le coin et le poteau. Mais cette fois, il y a un défenseur devant moi, qui me coupe le chemin du goal. Je m'avance, espérant pouvoir tirer de devant, mais il me marque de très près et je ne parviens pas à trouver une issue.

Je décide de tenter ma chance, et je tire en plein dans ses jambes maigres, espérant que le ballon rebondira. Il frappe son tibia et roule vers la ligne de but. Il se tourne pour le prendre en chasse et, tous les trois (lui, moi et le ballon), nous arrivons sur la ligne en même temps. Mais je le touche en dernier.

L'arbitre siffle et crie :

« Corner! »

Je m'avance vers lui, le cœur battant.

« Ma faute.

— Quoi?

— C'est moi qui l'ai sortie.

— Merci. »

Il siffle à nouveau. Le ballon est entre les mains du gardien de Greenfield pour la remise en jeu.

Je remonte vers le milieu de terrain avec mes coéquipiers.

« Merde! » grommelle Dusty.

Mais Joey me montre son poing avec un sourire d'approbation.

Quatrième quart. Il ne reste plus que quelques minutes. Les supporters de Greenfield tapent des mains en rythme. Ils n'ont qu'à conserver un jeu de défense, puisque le match nul leur suffit pour gagner le championnat.

Au lieu d'essayer de marquer, donc, ils ne font rien d'autre que nous tenir aussi éloignés que possible de leurs buts. Ils n'arrêtent pas de sortir la balle ou de l'envoyer à l'autre bout du terrain. Et nous, nous courons comme des fous, revenant sans cesse à la charge.

Ils gardent tous leurs joueurs à l'arrière, personne ne va sur le ballon quand ils l'envoient dans notre camp.

C'est Hernandez qui le récupère et le dribble jusqu'au milieu de terrain, où deux avants viennent lui barrer le chemin. Il pivote alors et me fait une passe ; je pénètre dans leur camp mais je suis bientôt piégé par deux autres défenseurs.

L'un d'eux met le pied sur le ballon et l'envoie à vingt mètres en arrière. Je cours, mais Rico arrive avant moi. Il fait une longue passe à Trunk, qui prend le contrôle et trouve Joey juste devant lui. Je cours le long de la ligne de touche.

« Joey ! »

Il m'entend, lance le ballon dans ma direction, mais deux maillots verts convergent sur moi… je laisse sortir la balle.

Sur cette touche, ils jouent la distance. Mais Dusty est sur la balle, il la ramène vers nous. Le temps s'écoule à toute vitesse. Je hurle :

« On ne peut pas rester sur un nul ! Il faut marquer ! »

Une minute à jouer. Tous nos défenseurs montent à l'attaque ; il faut qu'on le mette, ce but !

Trunk passe à Dusty, à moi, à Joey.

Dusty est en situation de marquer, il tire, le gardien plonge, dévie le ballon qui rebondit sur le poteau. Joey est là, prêt à saisir l'occasion : il tire de tout près et à nouveau le gardien arrête, au pied cette fois. Le ballon s'envole vers moi, je l'amortis avec la poitrine. Le choc est rude. Je vacille, mais je me reprends tout de suite. Je tire, en plein dans le coin supérieur gauche de la cage.

Le gardien saute, et d'un coup de poing envoie le ballon en l'air, par-dessus la barre transversale. Je pousse une exclamation de colère et je me mets à courir vers le point de corner.

« Vingt secondes ! » crie l'arbitre.

C'est notre dernière chance. Pendant que je m'avance pour tirer le corner, un compte à rebours défile dans ma tête. Le temps que j'installe le ballon, il ne reste plus que dix secondes. J'ai l'intention de le vriller pour qu'il passe par-dessus le mur des défenseurs et rentre directement dans le filet.

Mais c'est alors que je le vois arriver, fonçant comme un fou depuis sa cage, tel le gardien de l'équipe mexicaine.

Herbie, à toute vitesse.

Je dirige le ballon vers la surface de réparation et il le cueille en plein front, avec tout l'élan de sa course... Il fuse dans les filets.

BUT !

Je reste paralysé à ma place. Impossible de bouger. Impossible d'émettre un son. Ils se sont jetés sur Herbie et le hissent en l'air avec des cris de joie. L'arbitre siffle la fin de la partie. C'est terminé.

Je tombe à genoux, tête baissée, les mains sur les yeux. Je respire un grand coup, avec quelque chose qui ressemble à un sanglot.

Merci, mon Dieu ! merci pour le « Mundial » et pour les chaînes câblées.

Jamais de ma vie je n'ai été aussi heureux...

LA GAZETTE DE SCRANTON

Samedi 5 novembre

VICTOIRE DU F.C. STURBRIDGE AU CHAMPIONNAT DE LA L.J.S.

La suprématie que le Greenfield Football Club avait maintenue ces cinq dernières années sur le championnat de la Ligue des juniors de Scranton a pris fin hier, lors du match retour qui opposait le F.C. Sturbridge au champion en titre.

Des circonstances pour le moins extraordinaires entourent cette victoire. En effet, les deux équipes étaient à égalité 1-1 lorsque le gardien de Sturbridge, Warren Herbert, a brusquement quitté sa cage pour courir à l'autre bout du terrain et marquer le but gagnant sur un corner de Barry Austin.

Cette victoire assurait à Sturbridge le score total de 9-3-2 contre 9-4-1 pour Greenfield.

Les nouveaux champions seront automatiquement sélectionnés pour le championnat régional. C'est la première participation de Sturbridge à cette épreuve puisque, faut-il le rappeler, l'équipe avait terminé au bas du tableau l'an dernier...

« C'est incroyable, déclare Len Corupa, entraîneur de Sturbridge. Lorsque nous avons commencé, il y a quatre ans, nous pensions qu'il faudrait une dizaine d'années pour rattraper les équipes déjà établies. Mais mes gars n'ont pas voulu attendre ! »

Corupa précise qu'il n'avait pas donné à Herbert l'instruction de quitter sa cage, mais qu'il ne peut que le féliciter de son initiative.

« Herbie est un rapide. J'étais tellement occupé à regarder le corner que je ne l'ai pas vu débouler. Je ne sais pas qui l'a remarqué, d'ailleurs. »

Le milieu de terrain Austin, lui, a bien vu son coéquipier, puisqu'il a dirigé son tir droit vers lui, favorisant ainsi cette action héroïque de dernière minute.

« Le ballon était juste là où il fallait, je n'ai eu qu'à tirer, précise Herbert, qui ajoute : le cent mètres que j'ai piqué pour arriver jusque-là était sûrement le plus dur de ma

vie. Il fallait faire vite : c'était maintenant ou jamais ! »

Un match nul aurait suffi à Greenfield pour conserver son titre de champion. Artie Nolan, l'entraîneur de l'équipe, nous a confié qu'il espérait éviter les matches de barrage pour le championnat de région.

« Nous n'avons plus qu'à attendre la décision de la Ligue, a déclaré Nolan. Mais il faut reconnaître que Sturbridge a fait du bon boulot. Ils sont sortis de nulle part et ils ont surpris tout le monde. Ils méritent bien leur qualification. »

C'est Austin qui a marqué le premier but de Sturbridge à la dixième minute, et Derek Masada, de Greenfield, a égalisé juste avant la mi-temps. Jusqu'à l'action inattendue de dernière minute qui a changé le cours du jeu, Greenfield semblait assurée de maintenir le match nul. Le gardien de but Vinnie Orr avait en effet sauvé trois fois la mise, et de manière spectaculaire, avant le miracle réalisé par Herbert.

« On s'est battus jusqu'au bout », a déclaré Herbert, qui a par ailleurs retardé de près d'un quart d'heure le départ du minibus qui devait ramener son équipe pour se soumettre

aux exigences de ce qu'il appelait « le cirque médiatique ». Deux quotidiens et deux hebdomadaires couvraient en effet cette partie, et Herbert nous a confessé que c'était sa première interview.

« On a pris la pâtée l'an dernier, mais on a toujours su qu'on était bons, a-t-il ajouté. Cette saison, quand nous avons commencé à gagner, on a compris qu'on tenait le bon bout. Quand on est entrés sur le terrain aujourd'hui, tout le monde dans l'équipe était déterminé à remporter ce match à tout prix. »

26

Et après…

Lundi soir. Sur le banc, les mêmes : Rico, Herbie et moi.

Joey et Hernandez vont arriver.

Jeudi, on joue contre Hazleton pour le premier tour du régional. Sommes-nous les mêmes qu'avant la rencontre contre Greenfield ? Oui et non. Je pense qu'on ne sera plus jamais pareils.

Je suis fier, mais humble. C'était un grand pas pour nous mais de plus grands encore nous attendent. J'ai encore des années de football à jouer.

De l'autre côté de la rue, Footstepper marche en silence de son pas rapide. Dieu sait où il va.

Tommy passe en voiture et klaxonne un grand coup. Je lui fais un signe.

Dans l'air, ça sent l'hiver. Nos automnes ne durent jamais très longtemps.

Je me lève pour regarder le spectacle de la rue. Un groupe de filles bavarde à une cinquantaine de mètres, elles sont toutes en Première. Je distingue Staci, qui était là à mon *Octoberfest* et qui m'avait charrié à propos d'Eileen. Sa copine Dana est là aussi. Parfois, je pense à elles.

Peut-être que je vais aller leur dire bonsoir. Elles rient, elles ont l'air de s'amuser. Oui, pourquoi pas les saluer?...

Je n'ai rien appris, ça, c'est sûr. Mais je me sens prêt.

Prêt pour quoi?

Pour ce qui ne va pas manquer de m'arriver...

Note de l'auteur

Je voudrais saluer ici Peter Dykstra, auteur de l'idée originale du Centième Connard *et qui a réellement mené son entreprise à terme. Mais contrairement à ce qui se passe dans ce livre, où le compte des candidats s'étale sur plusieurs semaines, je dois signaler que la ville où nous habitions nous a permis d'arriver à cent personnes en une seule soirée mémorable, dans les années soixante-dix.*

Table

IMPRIMÉ EN FRANCE PAR BRODARD ET TAUPIN
Usine de La Flèche, 72200.
Dépôt légal imprimeur : 1433 T-5 – Éditeur : 9050
32-10-1639-7-01 – ISBN : 2-01-321639-4

Loi n° 49-956 du 16 juillet 1949 sur les publications destinées à la jeunesse.
Dépôt légal : mai 1998.